教養としての「税法」入門

TAX LAW

Hirotsugu Kiyama

青山学院大学教授　木山泰嗣

日本実業出版社

はじめに

教養として思考を深める軸になり、社会を見る目が変わる。そんな1冊になればと思い、執筆したのが本書です。

税金は、納めなければならないもの。納税すべきなのにしない人は、悪質な脱税犯……。そのように漠然と思い描いている方も、いらっしゃるかもしれません。漠然としたイメージではなく、ここで正確な税の基礎知識を身につけてみませんか?

私は弁護士として「税務訴訟」の代理人をしてきました。脱税犯の刑事事件ではありません。税務調査を受け、国税当局から受けた行政処分に納得がいかない場合に、その取消しを求めて納税者が提起する行政訴訟です。

「サラリーマン税金訴訟」といわれ、20年におよび「**憲法論**」で争った裁判が、かつて大きな脚光を浴びました。また、全国で１００件近く提訴され、「戦後最大の税務訴訟」といわれた「ストック・オプション訴訟」では、所得税法の「**法解釈**」が火花を散らして法廷で争われました。日本の税務訴訟を知ることで、**税金が法律で定められていることの意味**がわかります。

今年5月に日本国憲法の施行から70周年を迎えたこの国の税法は、その前身の大日本帝国憲法（明治憲法）が公布された1889年よりも前に、じつは公布・施行されています。ちょうど今年は、その所得税法が公布・施行されてから130周年にあたる年です。残念ながら憲法と異なり、この事実は報道されませんし、知られていません。

お金が動くところに税金あり。国家のあるところに税金あり。

少子高齢社会で、社会保障の財源を確保しなければならない。今の日本の財政を考えたときに、「どのようなところから、どのように税金を納めてもらう政策が適切か」ということが、これからも話題になり続けると思います。**国のレベルで、財政や未来の社会を考える。そのためにも、税の基本を知ることは重要なのです。**

私は弁護士として税法に携わってきましたが、2年前から大学教授になり、税法の研究および教育に専念しています。

大学の税法の授業では、ありがたいことに300名以上の履修者が、高い出席率で受講をしてくれています。単にわかりやすいということではなく、大学の授業でしっかり学んだような実感をもてる「読み応えのある本」にしようと、担当編集者と話しながら作りました。

社会人の方も、学生の方も、教養としての税法を、本書でつかんでください。

本書の執筆にあたっては、青山学院大学大学院法学研究科特任教授の荒井英夫先生に国税庁のデータの意味などについてアドバイスをいただきました。また、税理士の池本征男先生から申告納税制度の歴史などについてご助言をいただきました。深く御礼申し上げます。

ご自身の研究や学習でお忙しいなか、細かなところまでゲラをチェックしてくださった、青山学院大学大学院生の峯岸秀幸さん、藤間大順さん、上智大学法科大学院生の町野晴基さん、青山学院大学法学部3年生の谷川碧さん、中川原弘恭さんにも感謝を申し上げます。

360頁ものボリュームだった原稿が多くの読者に届くようにと、適切な分量までの削減などをご助言くださった日本実業出版社編集部の皆様にも、心より御礼申し上げます。

最後に、このまえがきを執筆中に95歳で旅立った祖父、加藤武夫に本書を捧げます。

2017年7月

青山学院大学法学部　教授
木山《きやま》　泰嗣《ひろつぐ》

TAX LAW 目次

教養としての「税法」入門

第1章

税法の歴史とは？

第2章 税法の重要判決にはどのようなものがあるのか？

第3章 税法とはそもそも何か？

第4章 税法の基本原則を知ろう

第5章 税法の解釈とは？

第6章 税法の制度を押さえよう

第7章 不服申立て・税務訴訟とは？

凡例

本書は、以下の方針でまとめました。

●判決や条文などを引用した際に、原文の引用箇所を示すためにつけた「　」では、リーダビリティの観点から、必要に応じてルビ（ふりがな）や網かけをつけました。

●引用した判決文のなかに登場する過去の判例の年月日及び出典は、専門書であれば省略すべきものではありませんが、一般の読者の方に向けた本であるため、特に意味があり残す必要があると考えたものを除き、「（略）」として省略しました。

●本書の注釈に記載した、判決等の出典は、いずれも法律書で通常使われる略称を使いました（民集、刑集、行集、判タ、判時、訟月、税資等。また、裁判所ホームページ（ウェブサイト）は「裁判所HP」と表記しました）。

●条文や判決文を引用した場合の数字は、原文が漢数字である場合でも（条文の原文の数字はすべて漢数字です）、リーダビリティを重視し、算用数字に変換しました。

●（　）のなかに登場する（　）は〔　〕と表記し、「　」のなかに登場する「　」は『　』と表記しました（リーダビリティのためですが、特に後者は法律論文の一般的な作成法に従いました）。

カバーデザイン　小口翔平＋三森健太（tobufune）
本文デザイン・ＤＴＰ　初見弘一（Tomorrow From Here）

TAX LAW

序章

巨額の課税は税法で決まる

——武富士事件

（1300億円の贈与税等が取り消された判決）

「武富士事件」とは何か？

平成23年（2011年）に「**武富士事件**」の最高裁判決が下されました。[*1] この事件では約1300億円の贈与税等が課されていました。その課税処分が違法だったということで、最高裁で取り消されて還付されたという事件です。

武富士は消費者金融の会社でした。武富士の株式が資産の8割以上を占めるオランダの会社[*2]の株式がありましたが、この株式を武富士の会長が長男に贈与したことが問題になりました。この株式は「国外財産」でした。国外財産を贈与する場合、贈与を受けた者の住所が日本にない場合には、当時の相続税法では日本の贈与税を課すことはできませんでした。[*3]

贈与税とは、相続税を補うために定められている税金であるため、[*4] 相続税法という法律のなかで規定されています。当時の法律上の課税をするための要件は、贈与を受ける者（「**受贈者**」といいます）の住所が日本国内にあることでした。[*5]

そして、弁護士や公認会計士から、「贈与を受ける者（長男）の住所を国外に移して、その後に贈与をすれば日本の贈与税は課されない」というアドバイスを受けた武富士の元会長の長男は、アドバイスに従い香港に住所を移しました。「ただ住所を移した」という形式的なことではなく、実際に香港で暮らしていました。

しかし日本でも仕事があるため、「どのぐらい香港に滞在しているのか、住んでいるのか」というのは、税法的なアドバイスを受けたうえで、香港にいる日数のほうを多くするように調整したうえで生活していたのです。[*6] そのうえで、オランダの会社の株式を武富士の元会長が長男に贈与したということです。

＊1　最高裁平成23年2月18日第二小法廷判決・集民236号71頁。

＊2　正確には、オランダ王国における有限責任非公開会社です。

＊3　この事件の贈与が行われた後ですが、こうした租税回避を防止するため，贈与税（相続税も同様）の納税義務者の範囲を拡大する改正がされました（平成12年法律第13号により定められた租税特別措置法69条2項［当時］）。贈与者または受贈者の住所が贈与前5年以内に国内にあった場合には国外財産の贈与にも贈与税が課せられるという規定で、その後、平成15年（2003年）改正（平成15年法律第8号）で相続税法1条の4、2条の2に規定されました。さらに、平成29年（2017年）改正（平成29年法律第4号）で、5年を10年に延ばす改正もされています。

＊4　贈与税は、相続税法に規定されています。相続税を免れるために生前に贈与をすることがあり、これを防止するために規定されたのが贈与税です。したがって、贈与税の対象は、個人から個人への贈与です。法人から個人への贈与には、相続は発生し得ないからです。そこで、「贈与税は、相続税を補完する税金である」といわれます。

＊5　相続税法（平成15年法律第8号による改正前のもの）1条の2、2条の2参照。

■住所はどこにあるのか？

そうすると、当時の相続税法が定めている法律上の要件からすれば、「贈与税を課すことはできない。なぜなら、受贈者の住所が日本にはなく香港にあるから」となりそうです。

しかし、この贈与が行われたオランダの会社の資産の84・2％が価値の高い武富士の株式であったため、その株式の時価は高額でした。[*7] 贈与税は贈与された財産の価値（時価）を対象にするため、国税当局としては、何とか課税したいと考えたのです。

そして、「住んでいる場所は香港のほうが多かったかもしれないが、相続税法にいう『住所』は香港ではなく、あくまで日本である」という理屈を考え、課税処分をしました。[*8]

これは約1300億円もの贈与税を課す処分であったため、これに不服であると考えた長男が、国を相手に裁判を起こした[*9]という事件です。

冒頭にもお話した通り、結論的に最高裁はこの処分は違法だと判断し、贈与税の決定処分を取り消しました。それにともない、「**還付加算金**」という利息（税金を納付した日から返還されるまでの間に法律上生ずる利子に相当するもの）を合わせると、約2000億円が返還されたということです。裁判をしていると、5年、6年と長い年月がかかりますので、その間に利息もふくれたことになります。[*10]

結論としては、「実際に住んでいる香港が住所である」となりました。普通に考えれば当たり前のことです。しかし、「日本の贈与税を免れるために住所を移した悪質な税逃れだ」という租税回避の意図があったからといって、これを理由に課税することはできない、ということを宣言したのが、この平成23年の最高裁判決なのです。

＊6 判決によれば、約3年半の香港滞在日数の割合は約65・8％で、国内滞在日数の割合は約26・2％でした。約3分の2を香港で暮らしていたことになります。

＊7 オランダの会社の株式の評価額（時価）は1600億円を超えていました。

＊8 杉並税務署長は、本件贈与について、平成17年（2005年）3月2日付けで、上告人（長男）に対し、贈与税の課税価格を1653億0603万1200円、納付すべき贈与税額を1157億0290万1700円とする平成11年分贈与税の決定処分及び納付すべき加算税の額を173億5543万5000円とする無申告加算税の賦課決定処分を行いました。

＊9 贈与税の決定処分・無申告加算税の賦課決定処分の取消しを求めて、国を被告として提起した行政訴訟です。このように行政処分の取消しを求める行政訴訟を**取消訴訟**（「処分の取消しの訴え」）といいます（行政事件訴訟法3条2項）。これは行政事件訴訟法で分類されている行政訴訟の類型のなかでは、「**抗告訴訟**」と呼ばれるものにあたります。抗告訴訟とは、「行政庁の公権力の行使に関する不服の訴訟」のことです（行政事件訴訟法3条1項）。

＊10 還付加算金は、遅延損害金（法定利息〔民法404条〕）と同じような性質をもつもので、国税通則法58条に規定されています。報道によれば、還付加算金は400億円でした（2011年〔平成23年〕2月18日付け日本経済新聞）。

■税法の考え方とは？

この話を聞くと、「１０００億円を超える贈与税が発生することがわかっていながら、これを逃れるために住所を移すことが許されてよいのか？」と思われたかもしれません。

普通の感覚であれば、おそらくそう思うはずです。ではなぜ、日本の司法のトップである最高裁は、そのような課税は許されないと言ったのでしょうか――。

ここに、税法の考え方を学ぶための大きなヒントが隠されています。

最高裁は、租税回避の目的があったこと自体は認めています。[*11] 贈与税を課されることを避けるために、香港に住所を移したことは事実であったと、最高裁も認めているのです。租税回避の目的で住所を香港に移したことを認めているにもかかわらず、住所は香港にあり、贈与税を課すことはできないと断言したのはなぜでしょうか。

本質的な理由としては、日本国憲法84条で定めている「**租税法律主義**」という大原則がベースになっています。租税法律主義とは、「**税金を課すためには法律のルールが必要だ**」という考え方です。[*12]

法律のルールとは、私たち主権者である国民が、選挙で選ぶことで選出された国会議員が国会で議論をしたうえで作られます。したがって、法律のルールとは主権者である私たち日本国民の意志が反映されていると考えられます。

税金とは国家が国民から強制的に徴収もできるものです。「どんな場合に税金が発生するのか」「その税金はどのような税率で計算されるのか」、そうした税の内容については、国民の代表者が国会で話し合ったうえで決めたルールに基づかなければならないのです。こうした民主主義の大原則を宣言し、税金の根拠を明らかにしているのが、日本国憲法です。

このような租税法律主義の考え方については、第4章で詳細をお話しします。

租税法律主義の考え方を前提に、武富士事件を考えてみましょう。当時の相続税法では、日本の贈与税を課税するための要件は、対象が国外財産の場合、贈与を受ける者（受贈者）の住

*11　最高裁は、「一定の場所が住所に当たるか否かは、客観的に生活の本拠たる実体を具備しているか否かによって決すべきものであり、主観的に贈与税回避の目的があったとしても、客観的な生活の実体が消滅するものではないから、上記の目的の下に各滞在日数を調整していたことをもって、現に香港での滞在日数が本件期間中の約3分の2（国内での滞在日数の約2・5倍）に及んでいる上告人について……本件香港居宅に生活の本拠たる実体があることを否定する理由とすることはできない。」と判示しています。

*12　憲法84条には「あらたに租税を課し、又は現行の租税を変更するには、法律又は法律の定める条件によることを必要とする。」と規定されています。これを**租税法律主義**といいます。

所が日本国内にあることが必要でした。オランダの会社の株式は国外財産です。贈与を受けた長男が住んでいた場所は香港でした。そこで課税はできないと考えざるを得なかったのです。

租税法律主義という大原則のもとでは、その動機や目的に、「租税を回避しよう」いう意図があったとしても、あくまで法律が定めたルールの範囲内でしか課税はできません。そこで、贈与税を課すことはできないと最高裁は判断したのです。

税金の額（税額）が巨額ですので、「より悪質でひどいのではないか」と思われるかもしれません。租税回避というと、「**パナマ文書**」などでも話題になりましたが、[*13] 法律のルールという網の目から逃れるために、巧みなスキームを組んで税金を回避する人たちがいることは、確かに国際的にも問題視されています。

他方で忘れてならないのは、「悪質でひどい。だから課税できる」としてしまえば、憲法が租税法律主義を定めた意味がなくなってしまいます。権力の担い手である国家が「ひどい」と考えれば税金を取れるとなれば、民主主義が確立される前の中世の時代に戻ってしまいます。「租税回避を何とか防ぎたい」という現代の社会的なニーズと、「法律通りに課税しなければならない」という租税法律主義が対立している。その構造が浮き彫りになるケースです。

本書では、税法が定めているルールにはどのような意味があって、それは裁判所でどのように解釈されてきているのかということを、税法という学問的な観点からわかりやすくお話していきたいと思います。

■税法は解釈の問題

武富士事件で最高裁は、「住所は香港にあり、贈与税は課税できない」として課税処分を違法と判断しました。しかし、同じ事件でも控訴審（東京高裁）では、「住所は日本にある」として、「贈与税の課税処分は適法である」との判断をしていました。[*14]

三審制がとられていますから、[*15] 高等裁判所（高裁）の判断が最高裁に覆されることはありえます。本件はまさに覆され、その判決は破棄《はき》されました。[*16] 控訴審である高裁は「住所は日本にあ

＊13 Panama Papers. パマナ文書は、パナマの法律事務所であるモサック・フォンセカ（Mossack Fonseca）が作成した機密文書です。租税回避行為を内容とする文書が２０１６年4月に流出し、その内容が公表され、国際的な話題になりました。パナマ文書は１９７０年代から作成され、総数は１１５０万件に上り、21万４０００社の企業、株主、取締役などの詳細な情報が書かれているといわれています。

＊14 東京高裁平成20年1月23日判決・判タ１２８３号１１９頁。

＊15 日本国憲法は三審制を保障しているわけではないと解されていますが、制度としては、1審、控訴審、上告審と3つの裁判所に判断を求める機会があります。

＊16 最高裁判決の主文には、「原判決を破棄する。」とあります。主文とは、判決の結論のことです。判決は、結論にあたる「**主文**」（判決主文）と、その「**理由**」（判決理由）から成ります（民事訴訟法２５３条1項1号、3号）。

る」と言い、第1審である地方裁判所（地裁）[17]と上告審である最高裁判所（最高裁）は「住所は香港にある」と言い、結論が分かれました。

税金の裁判（「**税務訴訟**」といいます）[18]では、国税当局と納税者との間でこうした税法が定めている法律のルールの解釈・適用が争われます。

この事件をみるだけでも、「住所が日本なのか、香港なのか」というだけで税金が１３００億円発生するか、あるいは税金がゼロになるかという、金額に大きなインパクトのある争いが起きていたことがわかるでしょう。

本書で武富士事件を最初にお話したのは、租税法律主義という考え方がまず原則になっているということと、そのために税法が定めている「課税をするための法律のルールの規定の内容」が裁判所で解釈の問題（解釈論）として争いになり、裁判所でも判断が分かれることがある、ということを知っていただきたかったからです。

■〈補足〉武富士事件についての見方

第1審は、行政事件を専門にしている東京地裁です。[19]国税当局が法律の枠をはみ出した処分をすることがあるのはよくわかっており、そうした処分があればそれを正していく傾向があります。国税が負けるような判決が、比較的出やすい裁判所です。

一方、控訴審の東京高裁は保守的な傾向があります。裁判官としても出世コースを歩むエリートたちが裁判長をやっていますので、結論としては国が負けにくい、保守的な判断が出やすいのです。

この微妙な事件における地裁・高裁の判断は、その傾向通りに出たともいえます。最高裁はまた異なり、常識的な座りのよさを大事にする傾向があります。[*20] しかし一方で、処分をされた税額が巨額で、贈与税を免れるために住所を移したという事実からすれば、高裁のような理屈もあり得ます。最高裁が高裁と同じような結論を出す可能性も十分にありました。

＊17 東京地裁平成19年5月23日判決・訟月55巻2号267頁。

＊18 「**租税訴訟**」と呼ばれることもあります。最近では、税務訴訟または租税訴訟と呼ばれるのが一般的ですが、**税金裁判**と呼ばれていたこともありました。

＊19 東京地裁には、４つの行政専門部があります。行政専門部とは、税務訴訟のような行政事件のみを専門的に扱っている部です。民事事件が係属する東京地裁の民事部は合計51か部ありますが、東京地裁民事第2部、第3部、第38部、第51部が行政専門部です。行政専門部が4か部もある裁判所は、日本全国で東京地裁のみです。

＊20 立法府である国会は主権者である国民から選挙で選ばれた国会議員で構成されますが、司法府である裁判所では国民から選ばれたわけではない裁判官が裁判を行います。この点で司法府は「**国民の信頼**」を基礎にするものであり、裁判官は国民の信頼（**常識**）にこたえることを意識しています。司法府のトップである最高裁ではこの傾向が顕著です。

実際、高裁判決から最高裁判決が出るまでには3年以上かかっています。[*21] 担当した最高裁の裁判官も、相当に悩ましい事件であったのではないかと思います。

補足すると、武富士事件の裁判長を務めた最高裁判事は、元弁護士の須藤正彦《すどうまさひこ》さん（1942～2016年）でした。須藤裁判官は、「補足意見」という個人の意見を述べるところで、[*22]「国民感情からすれば、こうした巨額の租税回避が認められることはおよそ納得できないということは理解できる」といったことまで述べています。引用すると、次の通りです。

「……一般的な法形式で直截に本件会社株式を贈与すれば課税されるのに、本件贈与税回避スキームを用い、オランダ法人を器とし、同スキームが成るまでに暫定的に住所を香港に移しておくという人為的な組合せを実施すれば課税されないというのは、親子間での財産支配の無償の移転という意味において両者で経済的実質に有意な差異がないと思われることに照らすと、著しい不公平感を免れない。（略）一般的な法感情の観点から結論だけをみる限りでは、違和感も生じないではない。しかし、そうであるからといって、個別否認規定がないにもかかわらず、この租税回避スキームを否認することには、やはり大きな困難を覚えざるを得ない。（略）明確な根拠が認められないのに、安易に拡張解釈、類推解釈、権利濫用法理の適用などの特別の法解釈や特別の事実認定を行って、租税回避の否認をして課税することは許されないというべきである。そして、厳格な法条の解釈が求められる以上、解釈論にはおのずから限界があり、法解釈によっては不当な結論が不可避であるならば、立法によって解決を図るのが筋であって（現に、その後、平成12年の租税特別措置法の改正によって立法で決着が付けられた。）、裁判所としては、立法の領域にまで踏み込むことはできない。後年の新たな立法を遡及して適用して不利な義務を課すことも許されない。結局、租税法律主義という憲法上の要請の下、法廷意見の結論は、一般的な法感情の観点からは少なからざる違和感も生じないではないけれども、やむを得ないところである。」

この須藤裁判官の補足意見には苦汁の想いが刻まれていますが、租税回避への対応を超えるほど、租税法律主義は大切だということです。

＊21　贈与税の決定処分がなされたのが平成17年（2005年）3月2日ですので、平成23年（2011年）2月18日に最高裁判決が下されるまで、約6年経過しています。なお、贈与がなされたのは、平成11年（1999年）12月27日でした。

＊22　最高裁判決では、地裁や高裁の判決と異なり、裁判官個人の意見も述べられます。最高裁の「裁判書〔筆者注：判決書のこと〕には、各裁判官の**意見**を表示しなければならない。」とされているからです（裁判所法11条）。**法廷意見**（多数意見）とは別に述べられる少数意見には、**反対意見**、**補足意見**、**意見**があります。反対意見は法廷意見と異なる結論の意見をいい、補足意見と意見はいずれも法廷意見と結論は同じですが、理由を補足するのが前者で、別の理由を述べるのが後者です。

最高裁の判決理由（法廷意見）は、須藤裁判官の補足意見ほどの鋭敏さはありませんが、次のように判示されています。

「……贈与税回避を可能にする状況を整えるためにあえて国外に長期の滞在をするという行為が課税実務上想定されていなかった事態であり、このような方法による贈与税回避を容認することが適当でないというのであれば、法の解釈では限界があるので、そのような事態に対応できるような立法によって対処すべきものである。」

武富士事件の最高裁の判断は、憲法の考え方を貫いた素晴らしいものだと思いませんか。

TAX
LAW

第1章

税法の歴史とは?

TAX LAW 1

税法の歴史は革命の歴史？
――1215年のマグナ・カルタ

税法を学ぶにあたっては、「そもそもどのような歴史があって、今の姿があるのか」という点を大雑把にでもとらえておくことが大切です。

過去があり、今があります。思考を深くするには、どのような分野でも、ざっとでもよいので歴史を押さえておくことが重要でしょう。

法律を学ぶ人は、その法律の現在の条文や制度だけでなく、過去の条文や制度の概要も押さえます。これを**立法経緯**といいますが、どのような過程を経て、今の法律があるのかをみることが「**法学**」には求められます。

■かつては国王が課税権をもっていた

日本における税法の歴史は、実はそれほど長くはありません。詳細は第2章で説明しますが、「税金は議会（代表者）で定めなければならない」というルールを「租税法律主義」といいます。

この考え方が世界史に表われたのは、今から約８００年前、１２１５年の「**マグナ・カルタ**」にさかのぼります。[*1] 当時のイングランドという王国で、一般評議会によらなければ上納金（税金）を課せられないと定めました。国王がもっていた課税に対する独占権に変更をくわえ、国王の決定だけでは上納金（税金）を集めることはできないことにしたのです。この点でマグナ・カルタは、国王（国家）から国民が課税権を奪った歴史の始まりとして語られます。

日本における憲法84条の「租税法律主義」という条文の淵源（根拠）は、このマグナ・カルタにあると考えられています。

＊１　Magna Carta. マグナ・カルタは、１２１５年6月15日に制定されたもので「**大憲章**」ともいわれます。イングランド国王・ジョンが制定したもので、その後の改正を経て１２２５年に作られたマグナ・カルタの一部は現行法として残っており、イギリスの憲法を構成する法典の１つと考えられています（なお、イギリスは明文の憲法をもたない**不文憲法**の国です）。全63条からなるマグナ・カルタには、国王の決定だけでは戦争協力金などの名目で税金を集めることができないとする規定がありました（12条）。

TAX LAW 2

「代表なくして課税なし」──アメリカ独立戦争

このマグナ・カルタは、「租税法律主義」といえるほどには明確なものではありませんでした。それでも、「国王の決定だけでは戦争協力金などの名目で税金を集めることはできない」との規定（マグナ・カルタ12条）には、その萌芽《ほうが》がみられます。そして、500年以上経ってから、**「アメリカ独立戦争」**[*1]が起きます。

イギリスの植民地であったアメリカが独立したもので、1776年の「アメリカ独立宣言」が有名ですよね。[*2]

その際の独立戦争でスローガンとされたのが、**「代表なくして課税なし」**です。[*3]

これは、わかりやすい言葉だと思います。「国が国民に税金を課したり、徴収したりするためには、国民の代表者が議会で話し合って決めたルールに基づかなければならない」という、まさに租税法律主義の内容を表わしているからです。

このような歴史のなかで、民主主義の考え方である租税法律主義が、世界史では発展していきました。

■国家には資金（お金）が必要

マグナ・カルタやアメリカ独立戦争という世界史的にも重要な革命のなかでテーマとなっていたのは、じつは「税金」です。国家には運営費用としての資金（お金）が必要です。国家がお金をどこから得るか、これはとても重要なことです。

国家が税金を徴収する権限を「**租税高権**《そぜいこうけん》」といいます。これは非常に強力な権限です。国民が自分たちでルールを決めるという形で、国王から課税権を奪い取った。そこに、税法という法律が誕生した歴史があるのです。

＊1　1775～1783年。
＊2　United States Declaration of Independence.
＊3　No Taxation Without Representation.

TAX LAW 3

日本の税法は、民法よりも先に制定されていた？

法治国家である日本ですが、もともとは法律後進国でした。日本の歴史をさかのぼると、江戸時代の1853年（嘉永6年）に、マシュー・ペリーが黒船で日本を訪れ、[*1]当時の江戸幕府はアメリカから**開国**を求められます。

そしていろいろな議論がありましたが、これに屈して日本はアメリカと条約を締結します。[*2]日米和親条約が1854年（嘉永7年）に、[*3]日米修好通商条約が1858年（安政5年）に、それぞれ締結されました。[*4]同様に、当時の先進国である他の西洋の国々との間でも日本は条約を締結し、[*5]開国を余儀なくされました。

日本史で教わるように、治外法権（外国人が日本で事件を起こしても日本の裁判権がそこに及ばないこと）が日本国内で認められ、[*6]関税自主権（関税を自由に決めることができる権限のこと）が日本にはない、といった不平等な内容の条約でした（**不平等条約**）。

こうした不平等な内容の条約を何とか解消しようと、明治時代の先人たちは努力を重ねます。

西洋と対等な国家としてやっていくためには、日本にはなかったものを作らなければならない、とわかります。[*7] それが「**憲法**」であり、「**法律**」だったのです。

＊1　アメリカ東インド艦隊司令長官マシュー・ペリー（1794〜1858年）は、ミシシッピ号を旗艦とした軍艦4隻を率いて浦賀に来航しました。

＊2　1854年（嘉永7年）、マシュー・ペリーが、旗艦サスケハナ号など7隻の軍艦を率いて横浜に来航し、早期の条約締結を求めたことから、同年の日米和親条約の調印に至りました。

＊3　Convention of Peace and Amity between the United States of America and the Empire of Japan. 1854年（嘉永7年）に日本とアメリカで締結された条約です。この条約によって日本は、下田と箱館（函館）を開港することになりました。

＊4　Treaty of Amity and Commerce Between the United States and the Empire of Japan. 1858年（安政5年）に日本とアメリカとの間で締結された通商条約です。下田、箱館に神奈川、長崎、新潟、兵庫を加えた開港と、江戸・大阪の開市などのほか、日本はアメリカに領事裁判権を認め（治外法権）、日本の関税自主権が認められない不平等な内容の条約でした。

＊5　同じ1858年（安政5年）のうちに、「安政の五か国条約」といって、日本はアメリカと同様の不平等条約を、オランダ（日蘭修好通商条約）、ロシア（日露修好通商条約）、イギリス（日英修好通商条約）、フランス（日仏修好通商条約）とも締結しました。

＊6　治外法権は、「領事裁判権」ともいいます。

＊7　当時の国際法では、世界の国を「文明」「半文明（半未開）」「未開」の3種類に分け、「**文明**」国（欧米諸国）は独立平等であるものの、非欧米国は「**未開**」とされ、トルコ・中国・朝鮮・日本等は「**半文明**」として不平等条約を締結させられました（浅古弘＝伊藤孝夫＝植田信廣＝神保文夫編『日本法制史』〔青林書院、2010年〕252頁参照）。

■憲法・法律の整備が何より重要だった

慶應義塾大学を創設した福沢諭吉（1835〜1901年）は、明治時代に『学問のすすめ』を書きました。[*8] そのなかで福沢は、「今の日本が外国におよばないところ」について語っています。

そこで掲げられた3つのなかに「法律」が挙げられています。その3つとは「学術」「商売」「法律」です（齋藤孝教授の現代語訳では「学術」「経済」「法律」と訳されています）。[*9] 古い言葉づかいですが、雰囲気を味わってもらうために原文を引用しておきましょう。[*10]

> 「方今我国の形勢を察し、その外国に及ばざるものを挙ぐれば、曰《いわ》く**学術**、曰く**商売**、曰く**法律**、これなり。世の文明は専らこの三者に関し、三者挙《あが》らざれば国の独立を得ざること識者を俟《ま》たずして明らかなり。然《しか》るに今我国において一もその体を成したるものなし。」

今の日本でも「学術」や「商売」（経済）は、依然として重要なものとして語られていると思います。しかし、「法律」が今重要なものとして挙げられることは、あまりないですよね。

当時の日本では、**不平等条約を解消するために、それまでになかった憲法を作り、民法など**

の法律を整備することが、喫緊の課題とされたのです。

■六法が完成するまで

日本で「**憲法**」が公布されたのは1889年（明治22年）です。[*11] それ以降、1896年（明治29年）には「**民法**」が公布され、[*12] 1899年（明治32年）には「**商法**」が公布・施行され、[*13] 1907年（明治40年）には「**刑法**」が公布され、[*14]「**民事訴訟法**」と「**刑事訴訟法**」は

＊8　初編の初版は1872年（明治5年）に刊行されました。3000万人程度の人口であった当時の日本で、300万部も刊行されたベストセラーです。

＊9　福澤諭吉（著）＝齋藤孝（訳）『現代語訳　学問のすすめ』（ちくま新書、2009年）49頁。

＊10　福沢諭吉『学問のすゝめ』（岩波文庫、1942年）42頁。

＊11　大日本帝国憲法（「明治憲法」と呼ばれることもあります）は、1889年（明治22年）2月11日に公布され、1890年（明治23年）11月29日に施行されました。

＊12　民法は、1896年（明治29年）に第1編から第3編が制定され（明治29年法律第89号）、1898年（明治31年）に第4編、第5編が制定され（明治31年法律第9号）、両者をあわせた全体が1898年（明治31年）7月16日に施行されました。1890年（明治23年）に公布された民法は、反対の声から**民法典論争**となり、施行されませんでした。

＊13　商法（明治32年法律第48号）は、1899年（明治32年）3月9日に公布され、同年6月16日に施行されました。

＊14　刑法（明治40年法律第45号）は、1907年（明治40年）4月24日に公布され、1908年（明治41年）10月1日に施行されました。

1890年（明治23年）に公布・施行されました。[*15] こうして、いわゆる「**六法**」ができます。

1889年（明治22年）に公布された大日本帝国憲法は、伊藤博文がプロイセン（当時のドイツ）で勉強してきた成果をもとに作ったものです。[*16] それ以降の約10〜20年ぐらいの間に、六法と呼ばれる法律がようやく日本でも整備されたことになります。[*17]

■所得税法はいつできたのか？

法律後進国だった日本も、こうして憲法や法律が整備されたことで、不平等条約を解消しました。それは不平等条約の締結から、じつに約60年も経ってからのことでした。[*18]

これは日本の近代史です。日本史のなかでも、法学入門などの法制史のなかでも、税法との関係は語られることがあまりありません。語られる場合でも、税法というより財政として触れられる程度です。[*19]

しかし、税法のなかでも特に重要な税目である**「所得税」が創設されたのは、1887年（明治20年）です。**[*20] 今から130年も前のことです。

1887（明治20年）に制定された所得税法は、全29条のみでした。現行の所得税法が全部で243条あるのと比べ、簡潔な法典でした。その第1条は、「凡《およ》ソ人民ノ資産又ハ営業其他《そのた》ヨリ生スル所得金高一箇《か》年三百圓《えん》以上アル者ハ此《この》税法ニ依《より》テ所得税ヲ納《おさ》ムヘシ」という規定でした。「此《この》税法」と、記念すべき第1条に早くも「税法」という言葉が記されています。

今から130年前の1887年（明治20年）に所得税が創設されたのは、海軍費を中心とし

＊15 民事訴訟法（明治23年法律第29号）は、1890年（明治23年）に公布され、1891年（明治24年）1月1日から施行されました。刑事訴訟法（明治23年法律第96号）は、1890年（明治23年）に公布され、同年11月1日から施行されました。なお、刑事訴訟法の前身には、1880年（明治13年）に制定された治罪法（明治13年太政官布告第37号）がありました。

＊16 政府の法律顧問のヘルマン・ロエスレル（1834～1894年）やアルベルト・モッセ（1846年～1925年）などのドイツ人の助言を受けながら、井上毅（1844～1895年）が起草した草案をもとに、井上に加え、初代内閣総理大臣をつとめていた伊藤博文（1841～1909年）、伊東巳代治（1857～1934年）、金子堅太郎（1853～1942年）らが検討して草案を作成しました。

＊17 六法全書という法律集がありますが、憲法、民法、刑法、商法、民事訴訟法、刑事訴訟法の基本六法だけが収録されているわけではありません。そのサイズにより収録されている法律の数は異なりますが、現在はあらゆる法律の条文をインターネットで全文みることができます（総務省行政管理局「法令データ提供システム」）。また、現在の日本に存在する法律の数は1967あります（平成29年3月1日現在）。

＊18 不平等条約が撤廃されたのは、1911年（明治44年）です。同年、日本はアメリカとの間で日米通商航海条約を結び、関税自主権を完全に回復しました。

＊19 浅古弘ほか・前掲注7には「財政」として、牧英正＝藤原明久編『日本法制史』（青林書院、1993年）には「財政法」として触れられています。

＊20 明治20年勅令第5号により創設された所得税法は、1887年（明治20年）3月19日に公布され、同年7月1日から施行されました。12年後の1899年（明治32年）に、所得税法は、全面改正されています（明治32年法律第17号）。

た国家経費の増大があって、その財源を確保することにありました。

また、地租や酒税（酒造税）の収入が税収の多くを占める当時の状況下で、農業収益以外の商工業収益も増え始めていたなかで、税負担の均衡化を図る目的もあったといわれています。

大日本帝国憲法が公布されたのは、所得税法が制定された1887年（明治20年）より後の1889年（明治22年）です。民法などの法律はもちろん、憲法すらできる前に、つまり**六法ができるよりも前に、「税法」である所得税法は勅令《ちょくれい》で作られていた**のです。相続税法も、その8年後の1905年（明治38年）に制定されています。[21]

大日本帝国憲法には、税金に関する規定は3つありました。次の条文に挙げるように、①臣民の納税の義務（21条）、②租税法律主義（62条1項）、③従来の租税が憲法制定後も存続することの確認（63条）、です。

> 第21条　日本臣民《しんみん》ハ法律ノ定《さだ》ムル所《ところ》ニ従《したが》ヒ納税ノ義務ヲ有ス
> 第62条　新《あらた》ニ租税ヲ課シ及《およ》ビ税率ヲ変更スルハ法律ヲ以《もっ》テ之《これ》ヲ定《さだ》ムヘシ
> （2項以下は、略）
> 第63条　現行ノ租税ハ更《さら》ニ法律ヲ以《もっ》テ之《これ》ヲ改メサル限《かぎり》ハ旧ニ依《よ》リ之ヲ徴収ス

また、１８９０年（明治23年）に制定された行政裁判法、[22]訴願法《そがんほう》[23]などによって、租税事件の権利救済の仕組みは一応作られました。[24]

しかし、利用しにくく、ほとんど機能しません。実際には、違法な課税処分に対する救済がなされる体制ではありませんでした。[25]つまり、戦前において整備されていた税法は、あくまで税金を取るための仕組みとして作られたルールに過ぎなかったのです。

戦後、裁判所が「**違憲審査権**」をもつようになり、国の法律の内容が憲法に違反するかどうかをチェックできるようになりました。[26]また、行政訴訟の仕組みが整備され、[27]国が行った課税処

＊21　明治38年法律第10号。

＊22　明治23年法律第48号。

＊23　明治23年法律第１０５号。

＊24　行政裁判法により、行政裁判所が設立されました。「行政官庁ノ違法処分ニ由リ権利ヲ侵害セラレタリトスル訴訟」は司法裁判所で受理しないと規定されていました（大日本帝国憲法61条）。１８９０年（明治23年）に制定された「行政官庁ノ違法処分ニ関スル行政裁判ノ件」（明治23年法律第１０６号）には「租税滞納処分ニ関スル事件」「租税及手数料ノ賦課ニ関スル事件」について行政裁判所への出訴が認められました。また、訴願法では、この２つの事件について上級行政官庁への不服申立て（**訴願**）も認められました。

＊25　行政裁判所が行政権内部の組織で、東京に１つあるのみで、かつ、１審のみで終審の裁判所であった点などが挙げられます。

分の違法性を争う裁判ができるようになりました。

本書では、税法の適用などが争われた判例（裁判所の判断）をこれから紹介していきますが、こうした仕組みが導入されたからこそ、[*28] 現代の日本では税務訴訟が活発に行われ、税法の解釈に関する裁判所の重要な判断が下されているのです。

＊26　戦後、ＧＨＱ草案をベースに制定された日本国憲法は１９４６年（昭和21年）11月３日に公布され、１９４７年（昭和22年）５月３日に施行されました。この憲法81条に違憲審査権が規定され、法律などが憲法に違反するかどうかを、最高裁を頂点にした裁判所が判断できるようになりました。これはアメリカにある制度が導入されたものです。憲法81条には「最高裁判所は、一切の法律、命令、規則又は処分が憲法に適合するかしないかを決定する権限を有する終審裁判所である。」と規定されています。

＊27　日本国憲法が特別裁判所の設置を禁止したため（憲法76条２項）、行政裁判所は廃止されました。憲法76条２項の規定は「特別裁判所は、これを設置することができない。行政機関は、終審として裁判を行ふことができない。」というものです。こうして、１９４８年（昭和23年）に行政事件訴訟特例法（昭和23年法律第81号）が制定され、行政行為の違法性を争う訴訟は、行政不服審判手続を経た後に、通常の司法裁判所に提起できるようになりました。

＊28　行政事件訴訟特例法は、１９６２年（昭和37年）に改正され（昭和37年法律第１３９号）、現在に至っています。また、行政訴訟を提起する前に経なければならない（**訴願前置主義**）とされていた戦前の訴願法を中心とした不服申立制度は不備が多かったため、同じ１９６２年（昭和37年）に行政不服申立てに関する一般法として行政不服審査法（昭和37年法律第１６０号）が制定されました。

TAX LAW 4

戦前の税制史の流れ

明治維新により江戸幕府から日本政府に政権が移行した後、[*1] 最初に行われた税制改革が1873年（明治6年）の「**地租改正**《ちそ》」です。[*2]

従前（旧地租）は収穫量を課税標準とし、[*3] 直接に耕作した百姓から生産物を徴収していました。しかし、制度そのものが全国的に不統一でした。

これが地租改正により、収穫量ではなく地価《ちか》を課税標準とされ、物納《ぶつのう》ではなく金納《きんのう》とされま

＊1　1867年（慶応3年）に、徳川慶喜（1837〜1913年。江戸幕府第15代将軍）が明治天皇に政権を返上する大政奉還がありました。なお、明治維新によって近代国家が成立前の日本の税制は、大化の改新（646年）により律令国家が成立した際の「**租・庸・調**」（租は田畑の収益、庸は労働力、調は地方の特産物をそれぞれ課税物件とするもの）があり、奈良時代以降は「年貢」を中心とするものでした。

＊2　1873年（明治6年）に地租改正条例（明治6年太政官布告第272号）が制定されました。この年に着手された地租改正は、1881年（明治14年）に完了するまで約10年を要しました。

＊3　**課税標準**とは課税要件の1つで、課税物件（課税の対象）を、税率を適用するために数値化したものをいいます。

した。また、豊凶《ほうきょう》に関わらない地価の3％の税率とされ、耕作者（百姓）ではなく地主《じぬし》が納税義務者とされます。制度も全国的に統一されました。当時は、国税収入に地租が占める割合が高く、1877年（明治10年）までは80％を超えていました。

■憲法が制定された後の流れ

1889年（明治22年）の憲法制定後、同年には「国税徴収法」[*4]と「国税滞納処分法」[*5]が制定されます。1897年（明治30年）には両者が一本化され、「**国税徴収法**」が制定されます。[*6]

また、1890年（明治23年）に「間接国税犯則者処分法」が制定され、[*7]1900年（明治33年）には大幅改正（全文改正）により新しく「間接国税犯則者処分法」が制定され、[*8]1948年（昭和23年）に名称を「**国税犯則取締法**」へ変え、最近まで同法律は存続していました。[*9]

現在の日本で主要な国税を担っている「**所得税**」が1887年（明治20年）に、「**相続税**」が1905年（明治38年）に、そして1899年（明治32年）から所得税の一部（第一種の所得）として課税されてきた「**法人税**」が1940年（昭和15年）に独立の税として制定されています。[*10]

制定当初の所得税は、とてもシンプルでした。1年に300円以上の所得がある個人に課されるもので、所得額ごとに5段階に分けるものでした。[*11]そして、最高税率でも3％の単純累進税率で、同居家族の収入を合計して戸主の所得として合算して課税される、というものでした。[13]
所得税が創設されたときに法人税がなかったのは、当時は十分に発達していなかった法人を保護すべきという考え方があったからだといわれています。[12]

＊4　明治22年法律第90号。
＊5　明治22年法律第32号。
＊6　明治30年法律第21号。
＊7　明治23年法律第86号。
＊8　明治33年法律第67号。
＊9　昭和23年法律第１０７号。国税犯則取締法は、平成29年（２０１７年）度税制改正で、国税通則法に組み入れられました（平成29年法律第4号）。ただし、施行日は、平成30年（２０１８年）4月1日です。
＊10　１８９９年（明治32年）に制定された所得税法（明治32年法律第17号）では、3種類の所得に分けた課税をしていました。第一種が法人所得、第二種が公社債の利子、第三種が３００円以上の個人所得でした（第一種所得税としての法人に対する課税の税率は、当初は2・5％でした）。第一種所得として所得税などが課されてきた法人に、あらたに法人税という独立の税目が課せられるようになったのは、法人税法（昭和15年法律第25号）の制定からです。
＊11　３００円以上は1％、１０００円以上は1・5％、1万円以上は2％、2万円以上は2・5％、3万円以上3％という5段階でした。なお、超過累進税率が導入されるのは、１９４０年（昭和15年）になってからです。
＊12　現在の所得税は**超過累進税率**といって、金額ごとに税率が異なる仕組みになっています。
＊13　現在の所得税は**個人単位主義**の原則が採られており、戦前のような世帯単位で合算して所得を把握する仕組みは採られていません（例外的に、所得税法56条という、生計を一にする同居の親族に対する例外規定があります）。

所得税の税収に占める割合は、創設された1887年（明治20年）は0・8％に過ぎませんでした（ただし、半年分)。その後も、1888年（明治21年）の1・6％から1894年（明治27年）の1・9％までは1％台、1895年（明治28年）の2・0％から1898年（明治31年）の2・3％までは2％台、1899年（明治32年）の3・5％から1902年（明治35年）の4・5％までは4％程度に過ぎませんでした。

1903年（明治36年）に5・2％となった後は、翌1904年（明治37年）の6・8％の後の1905年（明治38年）に8・3％となり、順調に8％～9％を維持した後、1912年（大正元年）には10・0％を記録します。そして、**1918年（大正7年）になると18・4％となり、所得税は酒税（18・1％）を抜いて初の税収1位を記録します。**[*14]

これに対し、明治初期の重要税目であった「地租」の税収に占める割合は、1892年（明治25年）に56・5％、1902年（明治35年）に28・2％、1912年（大正元年）に19・3％と下降していきます。

地租に代わり重要税目となったのが、当時は「**酒税**《しゅぜい》」でした。酒税は江戸幕府のものを引き続き存置したものですが、[*15] 1880年（明治13年）に酒造税制が整備され、1896年（明治29年）に「酒造税法」が制定されます。[*16] 1899年（明治32年）の増税の際には、それまで認められていた自家用酒の製造が禁止される改正がなされ、密造酒の扱いを受けることになり今日に至っています。

酒税（1896年〔明治29年〕までは酒造税）は、1892年（明治25年）に23・5％、1902年（明治35年）に38・6％、1912年（大正元年）に24・1％と、安定した税収を担います。

現在の主要な国税には、1989年（平成元年）になるまで登場しない「**消費税**」（導入当初は1・4％）もあります。消費に対する課税という意味では、1940年（昭和15年）に「酒税法」[*17]、「物品税法」[*18]が制定されています。

＊14　税務大学校研究部編『税務署の創設と税務行政の100年』（大蔵財務協会、1996年）246〜254頁参照。地租、酒税についても同書を参照。

＊15　政府は、1872年（明治元年）8月に太政官布告を発し、租税はしばらく旧慣によって徴収するとされました。

＊16　1875年（明治8）年2月2日に酒類税則（明治8年太政官布告第26号）が制定され、10月1日から施行されました。1880年（明治13年）に酒類税則は廃止され、同年9月に酒造税則（明治13年太政官布告第40号）が制定され、10月1日から施行されました。そして、1896年（明治29年）年3月27日に、酒造税法（明治29年法律第28号）が公布されました。

＊17　昭和15年法律第35号。その後、酒税法は1953年（昭和28年）に全部改正され（昭和28年法律第6号）、現在に至ります。

＊18　昭和15年法律第40号。物品税法は、1989年（昭和63年）の消費税法（昭和63年法律第108号）の制定により廃止されます。

TAX LAW 5

シャウプ勧告と戦後の税制の流れ

日本の税法（所得税法）は、憲法よりも、そして民法よりも前に制定されていました。しかし、現在の日本の税制の基本が作られたのは、戦後の「**シャウプ勧告**」です。[*1] シャウプ勧告は、日本史などでも戦後の改革の1つとして出てきます。これは、コロンビア大学教授のカール・シャウプ博士が団長となった使節団が、日本の現地を視察し、税制についてのさまざまな提言をしたものです。[*2] 具体的には、次の点でした（いろいろな整理がありますが、ここでは金子宏東京大学名誉教授の整理を示すことにします）。[*3]

①直接税（所得税、法人税など）中心の税制にする
②所得税での総合累進所得税の考え方を推進する
③所得税の補完税としての富裕税を創設する
④法人が個人の集合体であるという考え方に立ち、[*4] 配当に対する源泉徴収制度を廃止し、二重課税廃除の措置として所得税に配当控除制度を設ける

⑤所得税・法人税共通の問題として、事業用固定資産を再評価する
⑥相続税・贈与税を別々に課税するのではなく結合して累積的所得税の制度を採用する
⑦租税特別措置は公平の原則に反するため廃止すべきである
⑧租税行政の改善、罰則の強化、申告納税制度の充実をさせる一方、納税者の権利保護制度を改善する（青色申告制度の提案）
⑨地方税について、財源を複数の団体で分け合うのでなく、1つの財源は1つの団体に与える

＊1　Report on Japanese Taxation by the Shoup Misson, vol.1 ～ 4.
＊2　GHQの要請で組織されたカール・シャウプ（1902～2000年）を団長とする日本税制使節団（シャウプ使節団。シャウプをふくめ7名の租税専門家による）が1949年（昭和24年）5月10日から3か月にわたり調査したうえで、同年9月15日（日本税制報告書）、10月3日（附録）に発表された、日本の税制に関する報告書のことです。
＊3　金子宏『租税法〔初版〕』（弘文堂、1976年）58～65頁参照。
＊4　法人税がどのような税金かについては、2つの考え方があります。法人とその構成員（株主などの出資者）を別にとらえる考え方（**法人実在説**）によれば、法人の利益（所得）に法人税を課し、その構成員に対する配当に所得税（配当所得）を課すことは、別主体に別の税金を課すことで何ら問題がないことになります。これに対して、法人はその構成員の集合体であるととらえる考え方（**法人擬制説**）によれば、法人の所得に法人税を課することは、本来構成員に課される配当課税（配当所得）の前取りを意味することになり、両者に課税することは同一主体に対する**二重課税**になることから、二重課税を解消する調整が税制に求められることになります。シャウプ勧告は後者に立ちました。日本の現在の法人税も、基本的な考え方はこの立場で作られています。

この勧告を受けてなされた、翌１９５０年（昭和25年）の改正は「**シャウプ税制**」と呼ばれ、日本の税制は大きく改正されました。しかし、その形が今でもそのまま残っているわけではありません。申告納税制度は定着しましたが、多くは形を変えてしまっています。

日本の税法は「昭和○年度税制改正」「平成○年度税制改正」といわれるように、毎年改正がされています。[*5] **ＧＨＱ草案をベースに制定された日本国憲法が、一度も改正されていないのとは異なるのが、この点です。**１９５０年（昭和25年）のシャウプ税制は、その後、１９５３年（昭和28年）改正までは基本構造が維持されていましたが、それ以降はさまざまな修正を経て、現在は大きく形を変えたものになっています。

しかし、いずれにせよ、申告納税制度の充実など、[*6] 日本に戦後定着した税の基本原則なども提言されたのが、シャウプ勧告です。この**シャウプ勧告が、戦後日本の税制の出発点となった**ものであることは、間違いありません。

■税金は戦費調達のための手段だった

シャウプ勧告とは別の話になりますが、もともと税金は戦費調達のための手段として使われてきました。戦後の平和憲法（９条）をもつ国家になるまでは、日本も戦争を契機として税金が定められてきました。たとえば相続税法は、日露戦争の戦費調達のために規定されたのが発端です。**諸外国でも税金は戦費調達のためのものであったことが、歴史上明らかです。**

シャウプ勧告によって戦後の税制の基本が作られた、といいました。当然ながら戦前にも日本にはさまざまな税金の仕組みが考えられ、実施されてきました。それらは日清戦争、日露戦争、第一次世界大戦、第二次世界大戦などの戦争のたびにあらたな税金が作られてきたというのが実際です。[*7]

現在の福祉国家のもとでは、[*8]国民にどのような行政サービスを提供していくかが重要です。

＊5　毎年、年末に税制改正大綱が発表され、年度末の3月31日までにその年度の改正税法が成立し、多くは4月1日から施行されています。そのため、税法では、「平成29年度税制改正」といった呼ばれ方をします。

＊6　申告納税制度は、昭和22年（1947年）改正で所得税、法人税、相続税といった国税に導入されました（昭和22年法律第27号、同第28号、同第87号）。しかし、税務署長が税額を確定する賦課課税制度が採られていた戦前からの大きな改革で、記帳習慣のない納税者に記帳・自主申告を求める制度を定着させるためには、シャウプ勧告で提言された青色申告制度の導入が大きな意味をもつことになります。

＊7　日清戦争（1894～1895年）では戦費を税収入に依存せず、戦時増税はなかったのですが、戦後に増税がなされました。日露戦争の際、相続税法の創設のほか、二度にわたる非常特別税法（明治37年法律第3号、明治38年法律第1号）による増税がありました。第一次世界大戦（1914～1918年）、第二次世界大戦（1939～1945年）においても、戦費調達のための増税が行われました。特に顕著なのが、所得税の最高税率が1944年（昭和19年）には95％、1945年（昭和20年）には97％にまでなったことです。

＊8　国家のあり方として、国民への干渉を極力避けるべきとの考え方（**自由主義**）に基づく国家を「**夜警国家**」といいますが、現代は、国家が国民への福祉サービスを提供すべきという考え方（**福祉主義**）に基づく**福祉国家**の時代になっています。

◎一般会計税収の推移

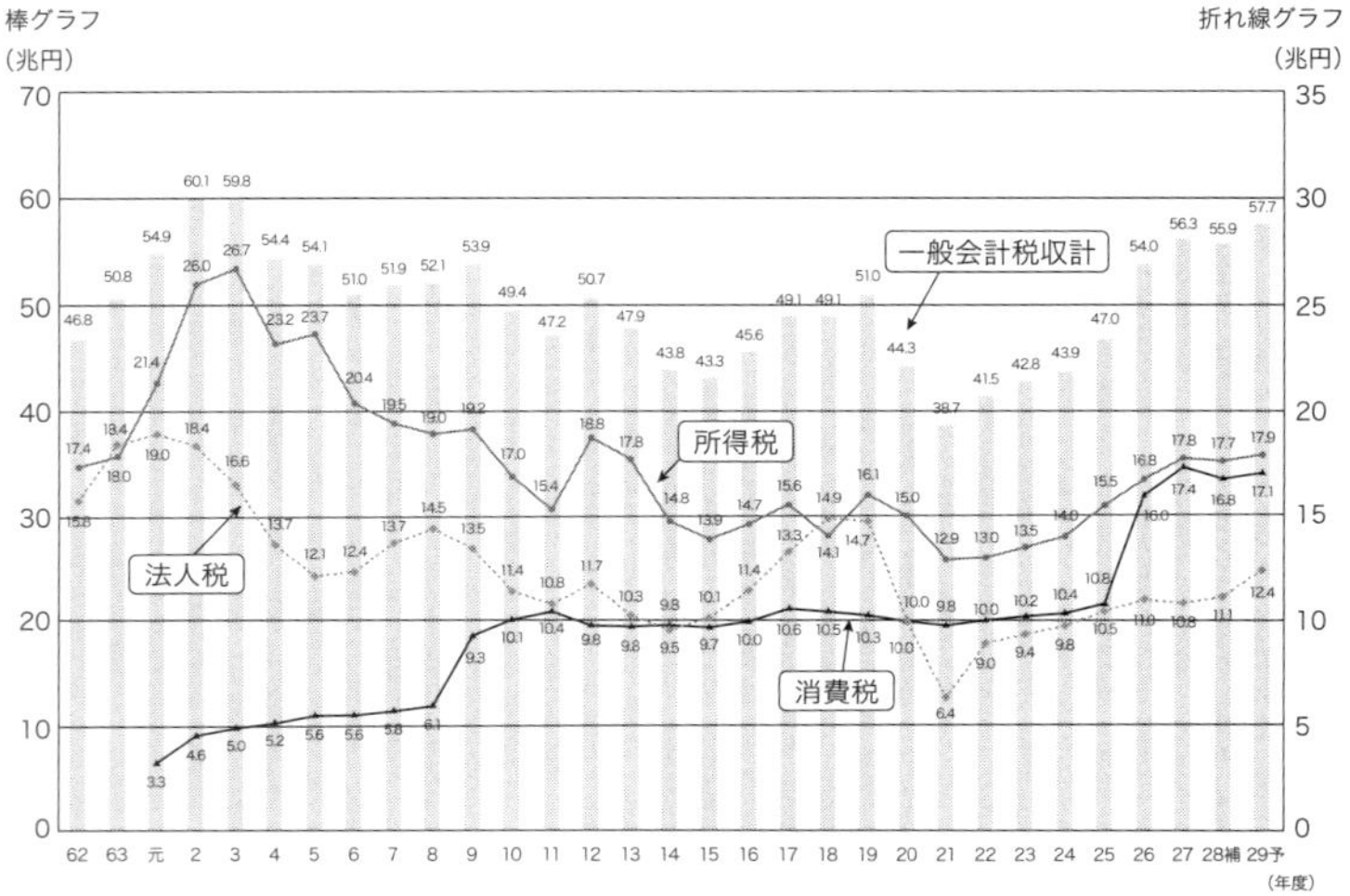

出典：財務省「一般会計税収の推移」

日本では少子高齢化社会への突入という懸案もあり、公的年金等の福祉を充実というより、実際には維持していくための資金の確保が重要になっています。税収は国家の歳入のなかでも重要な地位を占めています。[*9] 戦争のある時代もない時代も、**「国家を考えるとき、税金あり」**なのです。

日本では戦後、消費税導入までは、シャウプ勧告に基づき「**直接税**」を中心に税制が作られていました。直接税とは、**所得税や法人税など、税を負担する者と納税義務を負う者が一致しているもの**です。

直間比率を改善するべく、[*10] 1989年（昭和63年）に消費税法が制定され、消費税が導入されました。[*11] 税率は当初（1989年（平成元年）4月1日施行）

３％でしたが、その後、１９９７年（平成９年）４月１日から５％（うち地方消費税が１％）、２０１４年（平成26年）４月１日から８％（うち地方消費税が１・７％）になり、現在に至ります（今後はさらに２０１９年〔平成31年〕10月１日から10％〔うち地方消費税が２・２％〕に税率が上がる予定です〔なお、食料品の譲渡等には標準税率の10％とは異なる軽減税率８％が適用される予定です〕）。

消費税は今では最も身近な税金になりましたが、消費税は「**間接税**」です。実際に消費税の納税義務を負う者は事業者です。[*12] しかし、販売される商品や提供されるサービスの価格に税率

＊９　平成29年度一般会計予算では、歳入97・５兆円のうち税収は57・７兆円であり、その占める割合は59・２％です。

＊10　**直間比率**とは、税収に占める直接税と間接税の比率（割合）のことです。間接税である消費税の税率は３％、５％、８％と引き上げられ確実に税収を伸ばしていますが、現在でも、直間比率の国際比較でいうと、日本の直接税の割合（68：32）はアメリカ（77：23）よりは低いですが、イギリス（56：44）、ドイツ（53：47）、フランス（55：45）などと比べると、まだ高いのが現状です（平成25年度実績。財務省「直間比率（国税＋地方税）の国際比較」参照）。

＊11　昭和63年法律第１０８号。

＊12　消費税は、「国内において事業者が行った資産の譲渡等（略）及び特定仕入れ（略）に」課されます（消費税法４条１項）。「**資産の譲渡等**」とは、「事業として対価を得て行われる資産の譲渡及び貸付け並びに役務の提供（代物弁済による資産の譲渡その他対価を得て行われる資産の譲渡若しくは貸付け又は役務の提供に類する行為として政令で定めるものを含む。）をいう」とされ（同法２条１項８号）、「特定仕入れ」とは「事業として他の者から受けた特定資産の譲渡等をいう」とされています（同法４条１項かっこ書）。

が上乗せされるため、税を負担する者は消費者（国民）になります。このように**税を負担する者（担税者）と納税義務を負う者（納税義務者）が異なる税金**を、間接税といいます。

国税の収入に占める税目（税金の名前）の順位は所得税がこれまで長らく1位ですが、２０１４年（平成26年）４月１日から消費税が８％に増税されたことにより[*13]、最近では消費税が所得税と同じぐらいの率にまで上がってきています。50頁の「一般会計税収の推移」をみると、平成27年（２０１５年）度に、所得税17・８兆円、消費税17・４兆円となるなど、肉迫してきたことがわかります[*14]。

消費税は、景気に左右されにくい税金だといわれています。これに対して、所得税や法人税は、いずれも所得に対する税金です[*15]。所得とは「利益・儲《もう》け」のことなので、景気に左右されやすいのです。直間比率をみると、直接税の比率が多いか間接税の比率が多いかで、景気に左右されやすい税収かどうかを一応みることができる、ということです。

なお、消費税は「**目的税**」でもあります。目的税とは、**その使途（目的）を定めている税金**のことです。消費税法には「消費税の収入については、地方交付税法（昭和25年法律第２１１号）に定めるところによるほか、毎年度、制度として確立された年金、医療及び介護の社会保障給付並びに少子化に対処するための施策に要する経費に充てるものとする。」との規定があり（1条2項）、その使途（目的）が明確にされています。

■相続税はこれから注目される税金の１つ

最近までの相続税は、「５０００万円＋１０００万円×法定相続人の数」までは税金がかかりませんでした（**基礎控除額**）。２０１３年（平成25年）の相続税法の改正で（以下「平成25年改正」といいます）、この基礎控除額が引き下げられました。[*16]

たとえば従来、奥さんと子ども２人の相続人がいる場合、８０００万円（５０００万＋１０００万×３）までであれば相続税はかかりませんでした。

これが**平成25年改正で、「３０００万円＋６００万円×法定相続人の数」になりました。**[*17] 同じ

＊13　平成24年法律第68号による改正。

＊14　財務省「一般会計税収の推移」。

＊15　所得税は個人が得た所得に対する税金であり、法人税は法人が得た所得に対する税金です。所得税法、法人税法という別の法律に基づき、別の税目として存在していますが、いずれも所得に対する税金である点では同じです。

＊16　平成25年（２０１３年）度税制改正（平成25年法律第５号）で基礎控除額が引き下げられ、平成27年（２０１５年）１月１日以後に開始した相続に対して、同改正法が適用されています。

＊17　相続税法15条１項に「相続税の総額を計算する場合においては、同一の被相続人から相続又は遺贈により財産を取得した全ての者に係る相続税の課税価格（略）の合計額から、３０００万円と６００万円に当該被相続人の相続人の数を乗じて算出した金額との合計額（以下「遺産に係る基礎控除額」という。）を控除する。」と規定されています。

奥さんと子ども2人の相続人の例では、4800万円（3000万円＋600万円×3）までとなり、基礎控除額が4割引き下げられたことがわかります。

相続税の平成25年改正は、2015年（平成27年）1月1日から施行され、改正法の施行後のデータが開示されました。これまで4％程度しか課税されることがなかった相続税の課税割合（年間の課税件数を年間の死亡者数で割ったもの）が8％に上昇しています。

56頁の上表は、平成28年（2016年）12月に国税庁から公表された「課税割合」の統計データです。この最新の相続税についての統計資料には、平成27年（2015年）中の死亡者数（被相続人数）が約129万人（平成26年〔2014年〕約127万人）であったのに対し、このうち相続税の課税対象となった被相続人数は約10万3千人（平成26年〔2014年〕約5万6千人）であり、課税割合は8・0％（平成26年〔2014年〕4・4％）と3・6ポイント増加したことが、さらりと記載されています。[*18]

これだけでは、平成18年（2006年）分以降しかみることができませんが、別の統計データをみると、改正法が適用される前における、課税割合（56頁の下表では「課税件数割合」）や相続税の税収の推移が、56頁の下表の通りだったことがわかります。[*19]

13年にわたり4％台で推移していた相続税の課税割合が、平成25年改正の施行により、一挙にその倍の8％に上昇したのです。**その意味でも相続税は、これから注目される税金の1つです。**

＊18　国税庁「平成27年分の相続税の申告状況について」（平成28年12月）。

＊19　財務省「相続税の課税件数割合及び相続税・贈与税収の推移」。

◎相続税の課税割合

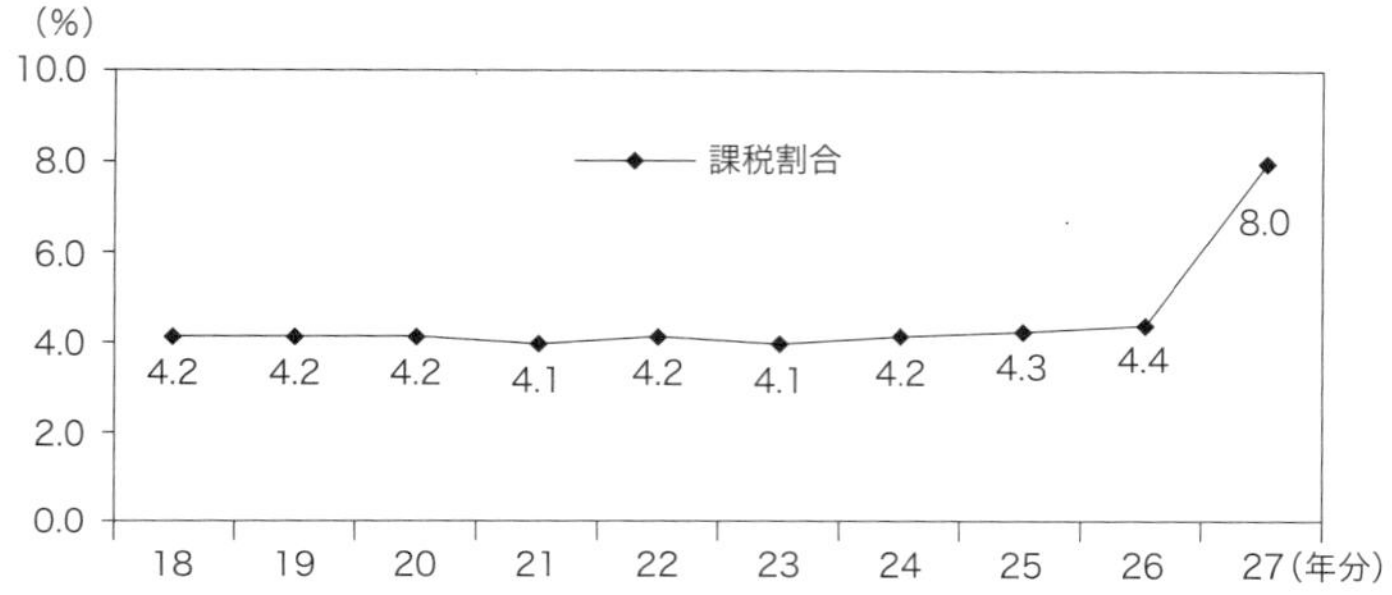

出典：国税庁「平成27年分の相続税の申告状況について」
（平成28年12月）付表2「課税割合の推移」

◎改正法前の相続税の課税割合・税収の推移

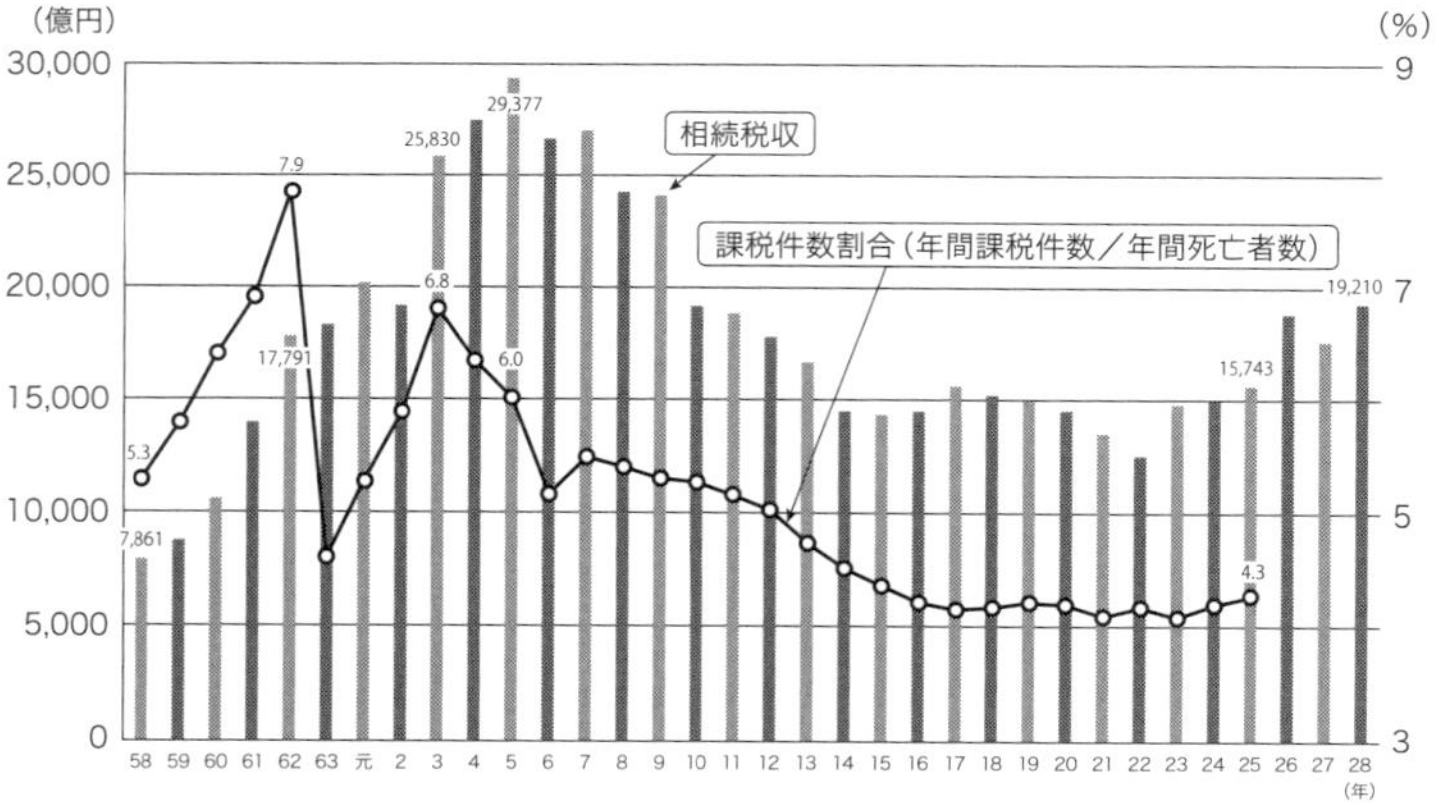

出典：財務省「相続税の課税件数割合及び相続税・贈与税収の推移」

TAX
LAW
第2章

税法の重要判決には どのようなものがあるのか？

TAX LAW 1

税法で最も重要な最高裁昭和60年大法廷判決
――サラリーマン税金訴訟

税制の歴史についてはこのあたりにしておきましょう。ここからは、税法をめぐって、「国と納税者の間でどのような裁判が起こされたのか」ということについて、お話していきたいと思います。

租税法律主義のもとでは、税金は法律の規定に基づいて課されます。したがって、「法律の規定が正しく適用されているか」といった課税処分の適法性が争われる裁判があります。また、税法は憲法を頂点とする法体系のもとにあるため、「税法の規定が憲法に違反していないか」というように違憲性が争われるものもあります。

■「サラリーマン税金訴訟」の概要

そのようなかで、特に本章でお話しておきたい大きな裁判が2つあります。1つは「**サラリーマン税金訴訟**」、別名「**大島訴訟**」と呼ばれている事件です。

これは、同志社大学の大島教授が起こした裁判で、原告になった先生の名前から大島訴訟と呼ばれています。大学の先生はサラリーマンでもありますから、サラリーマン税金訴訟とも呼ばれています。

税法の裁判として「最も重要な判例の1つ」だといわれている事件です。[*1]

■給与所得と事業所得とは?

サラリーマンや大学の先生、公務員や会社員の場合など、民間企業や官公庁などに勤めている組織から給与をもらう人たちは「**給与所得者**」にあたります。[*2]

所得税法は、どのような原因でお金をもらったのかということにより、所得の種類を10種類設けています。[*3] 10種類に分けた所得の種類のことを「**所得分類**」あるいは「**所得区分**」といいます(本書では「所得分類」と呼んでいくことにします)。

*1 金子宏「判批」中里実=佐藤英明=増井良啓=渋谷雅弘編『租税判例百選〔第6版〕』(有斐閣、2016年)6頁には「租税法の判例の中で最も重要で興味ぶかい判例の1つである。」と述べられています。

*2 「給与所得とは、俸給、給料、賃金、歳費及び賞与並びにこれらの性質を有する給与(以下この条において「給与等」という。)に係る所得をいう。」と規定されています(所得税法28条1項)。

典型的な所得分類は、サラリーマンがもらう給料や賞与で、「**給与所得**」です。日本には給与所得者が５６４６万人おり、[*4] １億２７０９万人の人口[*5]に占める割合は高いです。読者にも給与所得者の方が多いのではないでしょうか。

給与所得者と対比されるのが、「**事業所得者**」です。弁護士・税理士などの士業の方をはじめ、株式会社などの法人を作らず、[*6] 個人事業として事業を行っている方が得た収入は、「**事業所得**」になります。[*7] 勤務先から給料をもらっているのではなく、自分の名前で収入を得ている点で違いがあります。[*8]

個人事業主である事業所得者と、会社に拘束されて労働を提供することで給料をもらっている給与所得者とでは、リスクや費用の負担など、さまざまな観点で稼ぎ方が違いますよね。そのため、所得税法は両者の違いに着目して、それぞれの所得の金額の計算について異なる扱いを規定しています。

わかりやすくいうと、所得税は10種類の所得のなかでどの所得にあたるのか（つまり、給与所得なのか事業所得なのかなど）を確定した後に、実際に1年間で得た収入の金額からその収入を得るためにかかった経費を引くことで、その残額を「**所得金額**」という形で計算します。

複数の所得がある場合は、たとえば事業所得にマイナスがあって他の所得はプラスであった場合に、相殺できる制度もあります。これを「**損益通算**」といいます。[*9]

さらに、だれでも認められている38万円の「基礎控除」や、「医療費控除」や「生命保険料

＊3　**利子所得**（所得税法23条）、**配当所得**（同法24条）、**不動産所得**（同法26条）、**事業所得**（同法27条）、**給与所得**（同法28条）、**退職所得**（同法30条）、**山林所得**（同法32条）、**譲渡所得**（同法33条）、**一時所得**（同法34条）、**雑所得**（同法35条）の10種類があります。なお、このように所得の種類ごとに分ける考え方は、昭和15年（１９４０年）の所得税法改正（昭和15年法律第24号）で導入されました。ただし、当時は分類所得税といって、不動産所得、配当利子所得、事業所得、勤労所得、山林所得、退職所得の６種類で、所得ごとに異なる比例税率（一定した税率のこと）があり、これとは別に超過累進税率で各種の所得を総合する総合所得税がありました。分類所得税と総合所得税の二本建てが一本化されるのは、昭和22年（１９４７年）になってからです。

＊4　平成27年12月31日現在（国税庁長官官房企画課「平成27年分民間給与実態統計調査─調査結果報告─」〔平成28年９月〕６頁）。

＊5　２０１５年（平成27年）10月１日現在（国勢調査）。

＊6　個人事業主が法人化した場合には、その法人（株式会社など）の所得に法人税が課されることになります。

＊7　「事業所得とは、農業、漁業、製造業、卸売業、小売業、サービス業その他の事業で政令で定めるものから生ずる所得（山林所得又は譲渡所得に該当するものを除く。）をいう。」と規定されています（所得税法27条1項）。

＊8　両者の違いについては、「**事業所得**とは、自己の計算と危険において独立して営まれ、営利性、有償性を有し、かつ反覆継続して遂行する意志と社会的地位とが客観的に認められる業務から生ずる所得をいい、これに対し、**給与所得**とは雇傭契約又はこれに類する原因に基づき使用者の指揮命令に服して提供した労務の対価として使用者から受ける給付をいう。」と考えられています（最高裁昭和56年４月24日第二小法廷判決・民集35巻３号６７２頁）。

控除」、「配偶者控除」といった個々の事情に応じた「**所得控除**」があります[*10]。そして、残りの額に税率を掛けて所得税の額を計算します。

なお、法人税法には、所得分類も所得控除もありません。同じ所得に対する税金ですが、生身の人間で消費生活のある個人に対する所得税と異なり、株式会社などの法人に対しては、その生活についての配慮は不要だからです。

逆にいうと、所得税は、個々人の稼ぎ方や家族や生活状況など、それぞれの税負担能力（「**担税力**」といいます）に応じた、きめ細かな税額計算の仕組みを採用しているのです。

■事業所得と給与所得の計算方法の違い

事業所得の場合、個人事業主の方はオフィスや店舗の賃料を毎月支払っているでしょう。従業員を雇っていて人件費がかかり、広告宣伝費がかかり、商品を販売している事業であれば、その仕入れにもお金がかかるでしょう。

弁護士・税理士などの士業の方も、法人化していなければ、自営業者で事業所得者になります。士業の方にも、知識の仕入れが必要ですよね。書籍・専門書を買ったり、判例などのデータベースを利用するために、業者と契約をして契約金を支払っていることもあるでしょう。

純粋な売上が所得になるのではありません。所得は売上ではなく、「利益（儲け）」を指すからです。その売上を得るために投入した資金があるはずで、所得税法は、これを「**必要経費**」と呼び、収入からの控除を認めています。1年間で得た収入金額の合計である「**総収入金額**」から1年間で支出した必要経費の額を引いたうえで、事業所得の金額を計算するのです。[*11]

これに対して給与所得者の場合、基本的に働くために必要な支出は会社などの組織が負担してくれるはずです。自腹を切って稼がないとならない場面は、少ないでしょう。

給与所得者の場合、通常、給料も固定の金額で入ってきますよね。事業所得者の場合は売上がなければ倒産してしまうリスクも負っています。

＊9　所得税法69条1項に「総所得金額、退職所得金額又は山林所得金額を計算する場合において、不動産所得の金額、事業所得の金額、山林所得の金額又は譲渡所得の金額の計算上生じた損失の金額があるときは、政令で定める順序により、これを他の各種所得の金額から控除する。」と規定され、損益通算ができる所得は、不動産所得、事業所得、山林所得、譲渡所得の4つの所得に限定されています。しかし、租税特別措置法で、損益通算できるものは制限されています。

＊10　所得控除は、各所得の金額を合計した総所得金額からさらに控除されるもので、**基礎控除**（所得税法86条）のほか、**雑損控除**（同法72条）、**医療費控除**（同法73条）、**社会保険料控除**（同法74条）、**小規模企業共済等掛金控除**（同法75条）、**生命保険料控除**（同法76条）、**地震保険料控除**（同法77条）、**寄付金控除**（同法78条）、**障害者控除**（同法79条）、**寡婦（寡夫）控除**（同法81条）、**勤労学生控除**（同法82条）、**配偶者控除**（同法83条）、**扶養控除**（同法84条）があります。

＊11　所得税法27条2項に「事業所得の金額は、その年中の事業所得に係る総収入金額から必要経費を控除した金額とする。」と規定されています。

◎所得税額の計算（所得税法 21 条 1 項）

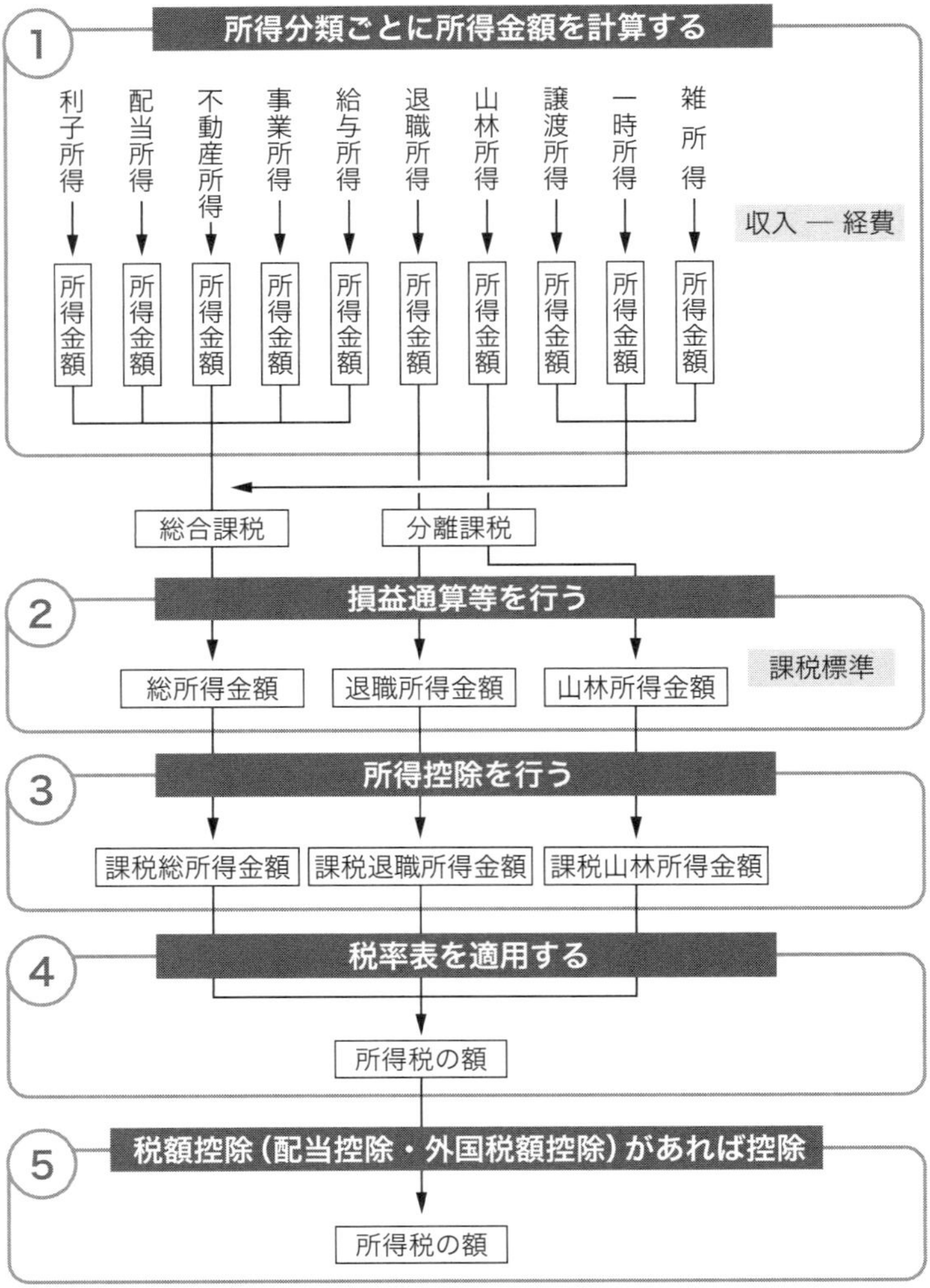

通常の給与所得者は労働法上も保護されていますから、安定的に収入が得られる反面、大きく儲けることはできません。ただ、自腹で会社の経費を負担することは多くないでしょう。給与所得の場合、1年間に得た給与の収入金額から「**給与所得控除額**」という、法律で定められた金額を引くことで給与所得の金額を計算します。[*12]

事業所得者の必要経費は、実際に支払ったものであれば、（必要経費といえる支出であれば、そこに上限はなく）青天井になります。これを実際に支出した金額を控除できるという意味で、「**実額控除**」といいます。

これに対して給与所得者の給与所得控除額は、本人が1円も経費の負担をしていなかったとしても引くことができます。逆にいうと、実際には自腹でいろいろとお金を支払っていても考慮されません。あくまで給与所得の収入金額がいくらかによって控除できる額が、次頁の上表の通り決まっています。[*13] 収入金額が上がるにつれ、給与所得控除額も上がりますが、上限があるため、1000万円超の場合は一律220万円にとどめられることになります。[*14]

＊12　所得税法28条2項に「給与所得の金額は、その年中の給与等の収入金額から給与所得控除額を控除した残額とする。」と規定されています。

＊13　所得税法28条3項には「給与所得控除額は、次の各号に掲げる場合の区分に応じ当該各号に定める金額とする。」と規定され、64頁の下表の内容が定められています。

◎収入金額から控除できる額（給与所得控除額〔現在〕）

収入金額	給与所得控除額
180 万円以下	40%（収入金額が 65 万円に満たない場合は 65 万円）
180 万円超 360 万円以下	72 万円＋（収入金額－ 180 万円）×30%
360 万円超 660 万円以下	126 万円＋（収入金額－ 360 万円）×20%
660 万円超 1000 万円以下	186 万円＋（収入金額－ 660 万円）×10%
1000 万円超	220 万円

◎収入金額から控除できる額（給与所得控除額〔当時〕）

収入金額	給与所得控除額
41 万 7500 円以下	1 万 7500 円＋（〔収入金額－ 1 万 7500 円〕×20%）
41 万 7500 円超 71 万 7500 円以下	9 万 7500 円＋（〔収入金額－ 41 万 7500 円〕×10%）
71 万 7500 円超 81 万 7500 円以下	12 万 7500 円＋（〔収入金額－ 71 万 7500 円〕×7.5%）
81 万 7500 円超	13 万 5000 円

だれにでも必ず認められる所得控除38万円と、給与所得者に最低認められる65万円の給与所得控除額を合計した103万円を「**課税最低限**」ということがあります。この103万円までは所得を得ても、所得税は課されないからです。[*15]

そこで、給与所得者に認められている給与所得控除額には、給与所得者の必要経費の支出について「**概算控除**」を認める意味があるといわれています。[*16]この概算控除としての性質をもつ給与所得控除額は、当時は最高でも13万5000円のみでした。当時の給与所得控除額は、上表の通りです。

仮に1年間でこの13万5000円を超える自腹での必要経費の支出を給与所得

者がしたとしても、これを給与所得の金額を計算する際に控除すること（実額控除）を認めない規定が問題にされたのが、大島訴訟です。

＊14 収入金額1200万円超には230万円の給与所得控除額が認められていましたが、平成29年（2017年）分の所得税から上限が220万円に引き下げられました。平成25年（2013年）～27年（2015年）分の給与所得控除額の上限は245万円（収入金額1500万円超）でしたが、平成26年（2014年）度税制改正で（平成26年法律第10号）、平成28年（2016年）分を上限230万円とし、平成29年（2017年）分から上限を220万円とする段階的な引下げがされました。

＊15 課税最低限には、さらに配偶者控除や扶養控除もふくめて考える場合もあります。課税最低限は憲法25条が定める**生存権**の具体的な表われであると考えられています。憲法25条1項には「すべて国民は、健康で文化的な最低限度の生活を営む権利を有する。」と定められていますが、所得税法が定める103万円の収入までは給与所得者である限り所得税は0になるからです。

＊16 給与所得控除額（概算控除）には、4種類の性質があるといわれています。1つが、本件でも問題になった①**必要経費の概算控除**ですが、ほかにも、②**担税力の調整**（資産を保有していれば働かなくても得られる資産性所得より、働き続かなければ得られない勤労性所得は担税力が低い点を調整すること）、③**捕捉率の調整**（クロヨン〔9：6：4〕・トーゴーサン〔10：5：3〕といわれるように、給与所得者、事業所得者、事業所得者（農業）が税務署に正確に所得を把握される率には一般的に差異があるため、これを調整すること）、④**金利の調整**（給与所得者は源泉徴収により平均的に5か月程度早く所得税を徴収されるため、この金利分の調整をすること）もあるといわれています（泉徳治「判解」最高裁判所判例解説民事篇昭和60年度87～88頁参照）。

■給与所得控除額の立法経緯

給与所得控除額の沿革は、次の通りです。1887年（明治20年）に所得税法が創設された時点では、事業所得者は必要経費を控除できました。しかし、勤労所得者は収入金額そのものが所得金額とされ、必要経費の控除はありませんでした。当時は、給与所得に必要経費は存在しないと一般的に考えられていたからです。

給与所得者に必要経費の控除が認められるようになったのは、1913年（大正2年）で、制限なく収入金額の10％を控除できるものでした（勤労控除）。

当時は勤労控除という名称でした。この年に初めて「給与所得控除制度」が創設されたのは、「給与所得は、勤労者が死亡したり、疾病したりすると直ちに収入が途絶えてしまい有期的で不安定であるので、資産所得である利子、配当所得や、資産と勤労の協同所得である事業所得に比べて担税力が弱いと考えられたことがほぼ唯一の理由で」した（第1審判決[*17]）。

以降の立法経緯については、以下に、第1審判決を引用しておきます。この経緯を読むと、当初は担税力の調整として創設された給与所得控除制度が、戦後のシャウプ勧告によって、必要経費の概算控除としての性格が指摘され、その後の立法（改正）によりこうした趣旨が認められるようになったことがわかります。

「……給与所得の担税力が資産所得や事業所得に比べて弱いのを調整するための立法上の考慮は、わが国の所得税の歴史上、大正2年の給与所得控除制度の創設以来、一貫して重要視されてきたものであつたといえる。

4　そして、昭和24年、戦後の日本の税制に画期的な大改革を勧告したシヤウプ使節団は、その報告書において、当時の給与所得控除制度の趣旨には、1個人の勤労年数の消耗に対する一種の減価償却を承認する。2給与所得をうるために個人的努力および余暇の犠牲が伴うことを承認する、3しばしば通常の生計費との区別がほとんどできないため、行政上の理由から特定の控除項目として認めることができないところの勤労により生じた追加的経費を概算的に控除する、4給与所得の査定が他の所得に比べてより正確であるためこれを相殺する、という4つの内容が含まれていることを指摘した（略）。ここにおいて、従来、給与所得控除制度の趣旨は、給与所得の担税力の弱いのを考慮するということがほとんど唯一の内容であると考えられていたのに対し、そのほか、給与所得の必要経費を概算的に控除するということ、および給与所得の把握（捕捉）がその他の所得に比べてより正確であるのでこれを考慮するという内容も含むものであるということが指摘されたのであつた。

＊17　京都地裁昭和49年5月30日判決・判タ309号113頁。

5　その後、昭和36年の所得税法の改正により、給与所得控除の方法として、従来からの定率控除制度に加えて、新たに定額控除制度が採用され、当初は1万円の定額控除が認められ、この定額控除は、昭和39年の改正（同年4月1日から施行）により2万円に増額され、その残額について、42万円まで20％、82万円まで10％、限度14万円に改められたものであるが、同改正は昭和39年4月1日から施行のため、本件で係争中の昭和39年度の給与所得については、附則3条により、昭和40年度分以後のいわゆる平年分の引上額の4分の3の引上げとされ、前記……のとおりの数額になつているものである。そして、この定額控除制度は、当時、給与所得控除制度の趣旨のうちに含まれていると考えられていた必要経費の概算控除という内容のうち、固定経費的な部分の存在するのに着目し、これを控除するという観点から設けられたものであつた。」

■憲法に違反するかどうか？

大島先生は、商学部で文学・スペイン語を担当する教授でした。

大島先生が起こした訴訟の内容は、「サラリーマンは事業所得者と違って実額での控除が認められておらず、自分で学会の費用を負担するなどのお金をかけているのに、これらを引けないのは事業所得者と比べて差別ではないか、不平等ではないか」というものです。

訴訟が提起された経緯は、こうでした。大島先生は、所属大学以外からの収入があり（雑所得）、所得税（昭和39年（1964年）分）の確定申告が必要でした。

それにもかかわらず、申告をしていなかったとして、税務署長から所得税の決定処分および無申告加算税の賦課《ふか》決定処分がされた大島先生が、これらの処分の取消しを求めて税務署長を被告として訴訟を提起したのです（なお、確定申告をしなかったのは、日ごろから、給与所得に実額控除を認めない税制に不服を抱いていたからでした）。

憲法では「法の下の平等」を定めています。[*18] 平等原則ともいわれますが、「これに違反するのではないか」という裁判が起こされたのです。

残念ながら、最高裁の判決が出たときには大島先生は亡くなられていました。地裁の判決は昭和49年（1974年）に出て、[*19] 最高裁判決は昭和60年（1985年）に出ました。[*20]

この裁判で争われた大島先生の所得税は昭和39年（1964年）分のもので、所得税の決定

＊18　憲法14条1項には「すべて国民は、法の下に平等であつて、人種、信条、性別、社会的身分又は門地により、政治的、経済的又は社会的関係において、差別されない。」と定められています。
＊19　京都地裁昭和49年5月30日判決・判タ309号113頁。
＊20　最高裁昭和60年3月27日大法廷判決・民集39巻2号247頁。

処分がされたのは昭和40年（1965年）でしたから、[*21] 20年におよぶその長い道のりがわかるでしょう。この判断は、遺族が訴訟を承継して受けています。[*22]

■精神的自由権と経済的自由権の意味

最高裁は、「憲法（法の下の平等）に違反しない」と判断しました。判決のポイントは、**税法の規定は経済政策に関連するものである**ということです。

たとえば、表現の自由やプライバシー権が侵害されたという場合は、「**精神的自由権**」の制約が問題とされています。

そうした1人ひとりの物の考えや表現などの精神活動の人権を制約する法律の規定とは違い、「**経済的自由権**」はあくまで国の経済政策の側面が強いので、「憲法に違反するかどうかについては緩やかに判断する」ということでした。[*23] つまり、今ある制度を変えるかどうかもふくめ、こうした租税立法については、「国民が選んだ代表者である国会議員が国会で話し合って決めるべき」ということです。

三権分立の観点からいえば、立法府（国会）にはさまざまな立法資料があります。これに対して、その法律が憲法違反かどうかを判断するのは司法府（裁判所）です。しかし、裁判所は裁判の手続を定めた法律（民事訴訟法）の制約があるため、原告と被告から提出された資料のみに基づいて判断するしかありません。[*24]

その税制が正しいかどうか（変えるべきかどうか）は、あくまで国民が決めることです。裁判所はよほどのことがない限り違憲だという判断はしません。こうして大島訴訟の最高裁判決は、「法律の目的に正当性があって、その目的を達成するために採られた手段が著しく不合理でない限りは、憲法違反とはいわない」という判断の基準を立てたのです。[*25]

＊21　所轄の税務署長より、昭和40年10月になされた昭和39年（１９６４年）分の所得税決定処分および無申告加算税賦課決定処分の取消しを求めて提起された訴訟でした。

＊22　**訴訟承継**といって、裁判の当事者が死亡した場合、その相続人が訴訟を承継します（民事訴訟法１２４条1項1号）。

＊23　このように精神的自由権に対する規制立法の合憲性を厳しく判断し、経済的自由権に対する規制立法の合憲性を緩やかに判断することを「**二重の基準**」といいます。

＊24　民事訴訟法では、**弁論主義**（当事者主義）といって、当事者（原告・被告）が行った主張と、当事者が提出した証拠のみが判決の基礎資料とされるのが原則です。

＊25　立法（法律の規定）が法の下の平等（平等原則）を定めた14条1項に違反するか、という点では、同条同項に列挙されている「人種、信条、性別、社会的身分又は門地」を14条1項後段列挙事由といいますが、この列挙事由による区別については厳格な審査を行い、そうでない事由による区別については緩やかな審査でよいという考え方があります。この考え方からみても、本件は14条1項後段列挙事由以外の区別であるため、緩やかな基準が採られたと説明することができます（泉徳治・前掲注16参照）。

少し長くなりますが、とても重要な記載なので、判決文を引用しておきます。

「……憲法14条1項は、すべて国民は法の下に平等であつて、人種、信条、性別、社会的身分又は門地により、政治的、経済的又は社会的関係において差別されない旨を明定している。この平等の保障は、憲法の最も基本的な原理の一つであつて、課税権の行使を含む国のすべての統治行動に及ぶものである。しかしながら、国民各自には具体的に多くの事実上の差異が存するのであつて、これらの差異を無視して均一の取扱いをすることは、かえつて国民の間に不均衡をもたらすものであり、もとより憲法14条1項の規定の趣旨とするところではない。すなわち、憲法の右規定は、国民に対し絶対的な平等を保障したものではなく、合理的理由なくして差別することを禁止する趣旨であつて、国民各自の事実上の差異に相応して法的取扱いを区別することは、その区別が合理性を有する限り、何ら右規定に違反するものではない（略）。

……ところで、租税は、国家が、その課税権に基づき、特別の給付に対する反対給付としてでなく、その経費に充てるための資金を調達する目的をもつて、一定の要件に該当するすべての者に課する金銭給付であるが、およそ民主主義国家にあつては、国家の維持及び活動に必要な経費は、主権者たる国民が共同の費用として代表者を通じて定めるところにより自ら負担すべきものであり、我が国の憲法も、かかる見地の下に、国民がその総意を反映する租税立法に基づいて納税の義務を負うことを定め（30条）、新たに租税を課し又は現行の租税を変更するには、法律又は法律の定める条件によることを必要としている（84条）。それゆえ、課税要件及び租税の賦課徴収の手続は、法律で明確に定めることが必要であるが、憲法自体は、その内容について特に定めることをせず、これを法律の定めるところにゆだねているのである。思うに、租税は、今日では、国家の財政需要を充足するという本来の機能に加え、所得の再分配、資源の適正配分、景気の調整等の諸機能をも有しており、国民の租税負担を定めるについて、財政・経済・社会政策等の国政全般からの総合的な政策判断を必要とするばかりでなく、課税要件等を定めるについて、極めて専門技術的な判断を必要とすることも明らかである。したがつて、租税法の定立については、国家財政、社会経済、国民所得、国民生活等の実態についての正確な資料を基礎とする立法府の政策的、技術的な判断にゆだねるほかはなく、裁判所は、基本的にはその裁量的判断を尊重せざるを得ないものというべきである。そうであるとすれば、租税法の分野における所得の性質の違い等を理由とする取扱いの区別は、その立法目的が正当なものであり、かつ、当該立法において具体的に採用された区別の態様が右目的との関連で著しく不合理であることが明らかでない限り、その合理性を否定することができず、これを憲法14条1項の規定に違反するものということはできないものと解するのが相当である。」

長めに引用しましたが、網かけの最初の部分には租税の役割についても言及があります。「租税は、今日では、国家の財政需要を充足するという本来の機能に加え、所得の再分配、資源の適正配分、景気の調整等の諸機能をも有して」いる、という部分です。

租税には、①「**財源調達機能**」、②「**所得再分配機能**」、③「**経済安定化機能**」の3つの機能があるといわれています。この3つが判決に表われています。

そして、「租税法の分野における所得の性質の違い等を理由とする取扱いの区別は、その立法目的が正当なものであり、かつ、当該立法において具体的に採用された区別の態様が右目的との関連で著しく不合理であることが明らかでない限り、その合理性を否定することができず、これを憲法14条1項の規定に違反するものということはできない」という判断基準のもとで、給与所得者に事業所得者のような実額控除を認めない所得税法の規定の立法目的については、次のような判断をしました。

「……職場における勤務上必要な施設、器具、備品等に係る費用のたぐいは使用者において負担するのが通例であり、給与所得者が勤務に関連して費用の支出をする場合であっても、各自の性格その他の主観的事情を反映して支出形態、金額を異にし、収入金額との関連性が間接的かつ不明確とならざるを得ず、必要経費と家事上の経費又はこれに関連する経費との明瞭な区分が困難であるのが一般である。その上、給与所得者はその数が膨大であるため、各自の申告に基づき必要経費の額を個別的に認定して実額控除を行うこと、あるいは概算控除と選択的に右の実額控除を行うことは、技術的及び量的に相当の困難を招来し、ひいて租税徴収費用の増加を免れず、税務執行上少なからざる混乱を生ずることが懸念される。また、各自の主観的事情や立証技術の巧拙によつてかえつて租税負担の不公平をもたらすおそれもなしとしない。旧所得税法が給与所得に係る必要経費につき実額控除を排し、代わりに概算控除の制度を設けた目的は、給与所得者と事業所得者等との租税負担の均衡に配意しつつ、右のような弊害を防止することにあることが明らかであるところ、租税負担を国民の間に公平に配分するとともに、租税の徴収を確実・的確かつ効率的に実現することは、租税法の基本原則であるから、右の目的は正当性を有するものというべきである。」

最高裁はこのように、立法目的が正当であるとしました。そのうえで、給与所得者を事業所得者と異なる取扱いをする点についても、その目的との関連で著しく不合理であることが明らかとはいえないという判断をしました。

大島訴訟の最高裁判決は、このようなものでした。大島先生は社会に対して、税制のおかしさを憲法問題という形で提起しました。

残念ながら、裁判の結果は敗訴でした。しかし、昭和60年（1985年）の最高裁判決が言い渡された後の昭和62年（1987年）に法律が改正され、[26]「**特定支出控除**」という制度が作

＊26　昭和62年法律第96号。

られました。給与所得者であっても所定の要件を満たせば、事業所得者と同じように実額の必要経費の控除が認められるという制度です。まさにこの裁判で問題提起された部分が、最高裁判決からわずか2年後の税制改正で導入されたのです。

もっとも、この特定支出控除は要件が厳しかったため、作られたものの利用している人は極めて少数にとどまっていました。

それが、平成24年（2012年）度の税制改正で要件が広く緩和されました。[*27] 資格取得費（弁護士・公認会計士・税理士など）や図書費、衣服費、交際費が対象に加えられました。そして、年間の給与所得控除額の半分以上の実額の支出があればよくなり、要件が緩和されました。改正法が導入されてからは、年間利用者が、前年度の6人から約1600人と一挙に約260倍に増えました。[*28]

原告の大島先生は裁判では負けましたが、実際には法改正を促したのです。社会的な影響力のあった事件でした。これが税に関する大きな裁判の1つです。

■〈補足〉裁判官による意見

判決にはさまざまな裁判官の意見がつきました。なかには制度の問題点などを指摘したものもあり、その後の改正を促しました。ここでは谷口正孝裁判官の補足意見を、挙げておきます。

その意見（**少数意見**）は、次のようなものでした。

「……給与所得者について給与所得控除の額を超える必要経費が存する場合には、その超過が明らかである限り、その程度が著しい場合であると否とを問わず、当該超過部分については実質上所得がないことになるのではないかが改めて問われてよい。（略）必要経費の額が給与所得控除の額を明らかに超える場合は、その超過部分については、もはや所得の観念を容れないものと考えるべきであつて、所得の存しないところに対し所得税を課する結果となるのであり、およそ所得税賦課の基本理念に反することになるからである。

そして、所得と観念し得ないものを対象として所得税を賦課徴収することは、それがいかに法律の規定をもつて定められ租税法律主義の形式をとるにせよ、そして、憲法一四条一項の規定に違反するところがないにせよ、違憲の疑いを免れないものと考える。

＊27　平成24年法律第16号。所得税法57条の2第1項に「居住者が、各年において特定支出をした場合において、その年中の特定支出の額の合計額が第28条第2項（給与所得）に規定する給与所得控除額の2分の1に相当する金額を超えるときは、その年分の同項に規定する給与所得の金額は、同項及び同条第4項の規定にかかわらず、同条第2項の残額からその超える部分の金額を控除した金額とする。」との規定があり、2項以下に詳細な要件を定めた規定があります。

＊28　平成24年（２０１２年）改正で要件が緩和されるまで、特定支出控除の利用者は年間に10人弱程度でした。

もっとも、本件において具体的に支出された必要経費の額が給与所得控除の額を超過するものと認められないことは、記録上明らかであるから、この問題は争点として取上げるべきことではない。」

これは補足意見です。（法廷意見の結論に対する）反対意見ではありません。しかし、給与所得者でも実額控除を控除できないことで、現実の支出額を超える課税がされることがあれば、それは違憲になるといっている点に特色があります。

所得とはそもそも利益（儲け）ですから、給与所得者であったとしても、給与所得控除額以上の自腹を現実に切る負担をした場合には、それを引かないで給与所得の金額を計算するのは「所得のないところに所得税を課す」ことになる。そうだとすれば、この場合、憲法14条1項（平等原則）違反ではないとしても、違憲になる、という意見です（おそらく財産権を保障した憲法29条1項に違反するというものでしょう）。

谷口補足意見が本件に妥当しなかったのは、最後の段落（「もっとも……」以下）にあるように、必要経費として支出した額は38万７９００円であると大島先生は主張したのですが、給与所得控除額（13万５０００円）を上回る支出は立証されていないと、判決で認定されたからです。

TAX LAW 2

戦後最大の税務訴訟
――ストック・オプション訴訟

戦後最大の税務訴訟と呼ばれた事件に、「**ストック・オプション訴訟**」があります。外資系ＩＴ企業の日本法人（多くは１００％子会社）の役員や従業員に、外国の親会社からストック・オプションが付与されました。それを行使した利益に対する日本での課税が、裁判で争われました。これがストック・オプション訴訟です。

「**ストック・オプション**」とは、自社の株式を購入できる権利です。日本でストック・オプションが導入されたのは、平成９年（１９９７年）の商法改正でした。[*1]

アメリカやイギリスなどの諸外国では、日本の商法改正で解禁される以前から、ストック・オプション制度がありました。商法改正で導入されるまでは、日本国内の会社ではストック・オプションを発行できないので、一般的にその税制を考える必要はありませんでした。

＊1　平成9年法律第56号。もっとも、その2年前に特定新規事業実施円滑化臨時措置法の改正（平成7年法律第１２８号）で、特定の株式未公開会社については、ストック・オプション制度の導入が可能になっていました。

しかし、外資系の会社では、外国の親会社が日本法人（子会社）の役員などにストック・オプションを付与していました。この訴訟では、自社株ではなく、自社の外国親会社の株式を購入できる権利であった点に特色があります。

株式を購入できる権利をもらえることに何の意味があるかというと、「**権利行使価格**」といって、あらかじめその会社の株式を購入できる価格が決められているのです。

たとえば、30ドルで株を購入できる権利としてストック・オプションの付与を受けた場合、その会社の株価が上がって１００ドルになったときに権利を行使すると、一般の人は１００ドル（市場価格・時価）を支払わないと購入できない株を、30ドル（権利行使価格）で購入できるのです。

「１００ドルの株を、30ドルで買える」ということです。ストック・オプションを行使した時点では、購入した株式を取得するだけですが、その時点で市場価格（１００ドル）と30ドル（権利行使価格）の差額（70ドル）については利益を得たことになります。この差額である利益を「**権利行使益**」といいます（以下、本書では単に「行使益」といいます）。

所得税は個人が得た所得（利益）に課税されます。ここでいう所得（利益）は、金銭に限らず、物や権利、そして経済的利益もふくまれると考えられています。[*2] こうして、市場価格（時価）と権利行使価格の差額である行使益に、「経済的利益」に対する所得税の課税が生じるのです。

■得た利益はどの所得にあたるか？

問題となったのは、この行使益が、「（10種類ある所得のうち）どの所得にあたるのか」でした。つまり、外国親会社から付与されたストック・オプションの行使益の所得分類です。

所得分類については、サラリーマン税金訴訟（大島訴訟）では、給与所得と事業所得が出てきましたよね。ストック・オプション訴訟の場合は「勤めている会社の親会社からもらったストック・オプションによる利益であり、それはあなたがその子会社に勤めていたからこそ得られたものでしょう」と考えれば、労務の対価としての「給与所得」になりそうです。

しかし、ストック・オプションは自分の勤めている会社からではなく、外国の親会社から付与されています。法律上は親会社と子会社は別の法人であり、その親会社はアメリカなどの外国にあるのですから、外国親会社から日本子会社の役員や従業員が時間的・空間的拘束を受けているとはいい難いでしょう。そもそも、行使益そのものは外国親会社からもらったものでは

＊2　所得税法36条1項には「その年分の各種所得の金額の計算上収入金額とすべき金額又は総収入金額に算入すべき金額は、別段の定めがあるものを除き、その年において収入すべき金額（金銭以外の物又は権利その他経済的な利益をもつて収入する場合には、その金銭以外の物又は権利その他経済的な利益の価額）とする。」と規定されています。この規定のかっこ書に、金銭以外の物、権利、経済的利益もふくまれることが明記されています。

なく、ストック・オプションを行使したときの時価と権利行使価格の差額から生じたものに過ぎません。そのように考えると、「行使益は、働いた対価である給与所得とはいえないのではないか」という議論になりました。

納税者の主張は、外国親会社ストック・オプションの行使益は「一時所得である」というものでした。「一時所得」とは、文字通り一時的・偶発的な所得のことで、給与所得のように反復・継続して恒常的に得られるような所得ではないものです。[*3]

たとえば、競馬をやっている人が馬券を購入して当たり、払戻金をもらう場合は原則として一時所得にあたります。[*4] といっても、一時所得は50万円の特別控除額があるため、その1年の一時所得の収入が50万円までは、そもそも課税されません。[*5]

「競馬で3万円当たったことがあるけど、税金を納めていなかった……」と思われた方も、法律上はそのようになっていると考えれば、安心できるでしょうか。それから保険金です。保険料を自分が払い込んでいて、満期の一時金をもらった場合、一時所得にあたります。[*6]

ほかにも、賞金やお金を拾った（遺失物の拾得）場合にもらう報労金やそれによってあらたに得た所有権が挙げられます。「取得時効」といって、土地や建物を10年や20年占有していると、民法上、時効で所有権を取得できるという制度があります。[*7] こうした取得時効によって得た利益（たとえば不動産の所有権）も一時所得です。[*8]

＊3　所得税法34条1項には「一時所得とは、利子所得、配当所得、不動産所得、事業所得、給与所得、退職所得、山林所得及び譲渡所得以外の所得のうち、営利を目的とする継続的行為から生じた所得以外の一時の所得で労務その他の役務又は資産の譲渡の対価としての性質を有しないものをいう。」と規定されています。要約すると、他の8種類の所得にあたらないこと（**除外要件**）、②継続性がないこと（**非継続要件**）、③対価性がないこと（**非対価要件**）の3つすべてを満たす場合に、一時所得になります。

＊4　所得税基本通達34‐1（2）には、一時所得にあたるものの例として「競馬の馬券の払戻金、競輪の車券の払戻金等」が挙げられています。ただし、自動購入ソフトを利用して機械的に多額の資金を投入して利益を得た特殊事例で、そのような場合には、②非継続要件を満たさないとして、一時所得にあたらない（雑所得にあたる）と判断した最高裁判決があります（最高裁平成27年3月10日第三小法廷判決・刑集69巻2号434頁）。

＊5　所得税法34条2項には「一時所得の金額は、その年中の一時所得に係る総収入金額からその収入を得るために支出した金額（その収入を生じた行為をするため、又はその収入を生じた原因の発生に伴い直接要した金額に限る。）の合計額を控除し、その残額から一時所得の特別控除額を控除した金額とする。」と規定され、3項で「前項に規定する一時所得の特別控除額は、50万円（同項に規定する残額が50万円に満たない場合には、当該残額）とする。」と規定されています。

＊6　最高裁平成24年1月13日第二小法廷判決・民集66巻1号1頁参照。

＊7　民法162条1項には「20年間、所有の意思をもって、平穏に、かつ、公然と他人の物を占有した者は、その所有権を取得する。」と規定され、2項には「10年間、所有の意思をもって、平穏に、かつ、公然と他人の物を占有した者は、その占有の開始の時に、善意であり、かつ、過失がなかったときは、その所有権を取得する。」と規定されています。

＊8　所得税基本通達34‐1は一時所得にあたるものの例として、(10)で「遺失物拾得者又は埋蔵物発見者が受ける報労金」を、(11)で「遺失物の拾得又は埋蔵物の発見により新たに所有権を取得する資産」を挙げています。また、不動産の取得時効による利得は一時所得にあたるとした裁判例があります（静岡地裁平成8年7月18日判決・行集47巻7＝8号632頁、東京地裁平成4年3月10日判決・訟月39巻1号139頁）。

■一時所得の特徴は？

一時所得の特徴は、**税金が2分の1のみにかかる**ということです。[*9] 一時的・偶発的なもので、税金を負担する能力（担税力）が反復・継続して入ってくる収入より低いため、税金（所得税）も2分の1のみにされているのです（これを「**2分の1課税**」ということがあります）。[*10]

ストック・オプションも、あくまで株式市場の株価の動向がどうなるかという偶発的な要因によりますし、働いた対価というより、ストック・オプションの付与を受けた人が自分で時価をみながら行使することを決めて行うので、「これはあくまで一時所得ではないか」と主張しました。

国税当局が給与所得と主張したのは、このような「2分の1課税」が給与所得にはないからです。つまり、一時所得の約2倍の税額になる給与所得であると、国税当局は主張したのです。

■「戦後最大の税務訴訟」と呼ばれる理由

ストック・オプション訴訟は「**戦後最大の税務訴訟**」といわれ、日本全国で100件近くの訴訟が提起されました。[*11]

このストック・オプション訴訟のうち、約50件の納税者（原告）代理人をしていた法律事務所に2003年（平成15年）に入所した私は、途中からですが（2004年［平成16年］夏ごろからでした）、この裁判の原告（納税者）代理人の主任を担当しました。主任というのは、訴訟全体の戦略や方針などをまとめて率いていく立場です。当時は、1週間に3～4か所ぐらいの裁判所へ行くというような毎日でした。

それにしてもなぜ、これほどまでにたくさんの訴訟が起きたのでしょうか。先ほどの「給与

＊9　所得税法22条2項は「総所得金額は、次節（各種所得の金額の計算）の規定により計算した次に掲げる金額の合計額（略）とする。」とし、2号に「（略）一時所得の金額（略）の合計額の2分の1に相当する金額」が規定されています。

＊10　そもそも、所得とは何かをめぐっては、2つの考え方があります。現行の所得税法は、**包括的所得概念**といって、あらたな経済的価値の流入があれば、理由や原因を問わず、幅広く「所得」ととらえる考え方をベースにしています。これに対して、反復・継続的な利得に限られるべきとする考え方（**制限的所得概念**）もあります。一時所得は、この制限的所得概念であれば所得にあたらない（課税されない）とされるものです。実際に、日本でも戦前は制限的所得概念の考え方に基づき、昭和22年（1947年）改正まで、一時所得には課税がされていませんでした。現在では包括的所得概念のもとで課税はされますが、担税力は低いので2分の1のみ課税されるのです。

＊11　ストック・オプション訴訟の最高裁判決が下された3日後の2005年（平成17年）1月28日付け朝日新聞の社説には「後出し課税が招いた混乱」というタイトルで、「100件を超す訴訟を招いた論争に最高裁がけりを付けた。」「訴訟に踏み切った経営者たちの怒りは当然だろう。」と述べられています。

所得か一時所得か」というような、税法の解釈の学問的な論争であれば、一般の人たちがそこまで訴訟するとは思えないですよね。

東京国税局を中心にですが、国税当局側は「外国親会社ストック・オプションの行使益は一時所得にあたる」という見解を、もともとは採っていました。日本にストック・オプションの制度がない時代なので、外資系企業だけの事例ではありましたが、当時でも日本の所得税が発生することになります。日本に住所がある人には、基本的には「**全世界所得課税**」といって、外国で稼いだものもふくめて、日本の所得税がかかるからです。[*12]

日本にストック・オプションが導入される前の国税当局の見解は、「一時所得にあたる」というものでした。この点は、『回答事例による所得税質疑応答集』という書籍（以下、「所得税質疑応答集」といいます）にも、明確に述べられていました。[*13]

「所得税質疑応答集」は、東京国税局の所得税課長などの執筆者がQ＆Aの形で所得税の課税についてよくある質問を挙げ、その回答を説明するものです。

たとえば、「こういう場合は、どの所得にあたりますか？」というような事例（Q）があって、「それは一時所得にあたります。なぜなら〜」という答えと理由（A）が説明されています。

確定申告などの申告業務にたずさわる税理士の間では、国税当局の見解を示したものとして（つまり、その通りに申告をすればおとがめがないであろうという安心感が得られるものとして）バイブル的な書物でした。

改訂版が「平成○年版」という形で刊行されていきますが、改訂版にも同じ事例が掲載され、同じように「一時所得として課税されます」という回答が掲載されていました。[*14]

また、税務署に行き、「ストック・オプションの利益は何所得で申告すればいいですか」と相談に行った人たちもいましたが、「これは一時所得になります。一時所得で申告して納税をしてください」との指導（回答）がなされ、その通りに納税者は申告をしてきました。

■国税当局の見解が変わった

ところが、平成9年に日本の商法が改正され、ストック・オプション制度が導入され、日本

＊12　無制限納税義務者として、居住者は、全世界で得た所得について日本の所得税の納税義務を負います（所得税法5条1項）。ただし、外国でも課税された場合には、外国税額控除といって、税額控除の形で二重課税が調整されます（同法95条）。

＊13　東京国税局直税部長（森末暢博）監修＝東京国税局所得税課長（櫻井奏）編『回答事例による所得税質疑応答集（昭和60年版）年版』（大蔵財務協会、1985年）には、「ストック・オプションを与えられたことによる経済的利益については、（略）通常、一時所得として課税されます。」と説明されていました。

＊14　同様に東京国税局直税部長（平成4年版以降は東京国税局課税第一部長）監修・東京国税局所得税課長編による改訂版は、昭和60年版以降、昭和62年版、昭和63年版、平成元年版、平成2年版、平成4年版、平成6年版と、同旨の記載がされていました。それが平成10年版から、回答が給与所得として課税されるとの内容に変更されました。

の会社でもストック・オプションが発行されるようになりました。

そのときに、「(日本の子)会社に勤めたからこそ、(親会社からストック・オプションを)もらえたのだ。であれば、それによる利益は給与所得だ」という見解に、国税当局はどうやらなったのですね。

その際に困ったのが、今まで日本になかった制度で、かつ外国の親会社が発行したものですから、一時所得として扱ってきたものとの整合性です。そこで国税当局は、「いや、これは給与所得だ」と、見解を変えたのです。

しかし、租税法律主義のもとで、国は一方的に見解を変えられるのでしょうか。ここで、改めて租税法律主義を定めた憲法の条文(84条)をみてみましょう。

> 第84条　あらたに租税を課し、又は現行の租税を変更するには、法律又は法律の定める条件によることを必要とする。

このように、あらたに租税を課す場合だけでなく、現行の租税を変更する場合、つまり税の内容を改正する場合にも、法律(の改正)が必要であることが、憲法84条には書かれています。

しかし、これは解釈として採っていた見解を変更したに過ぎないため、法律や通達の改正もせず、給与所得での課税に踏み切りました。法律（所得税法）に一時所得であると規定されていたのを給与所得に変えたのであれば、当然に法律の改正が必要になります。

ところが、外国親会社ストック・オプションの行使益が一時所得であるか、給与所得であるかについては、法律には何も明文の規定はありません。ただ、一時所得の条文の解釈として、「かつてはこれにあたるとしていたものを、じつはあたらなかった（正しくは給与所得である）」という解釈に変えたのです。

税務調査などでは、個人の所得税の場合、当時は過去3年分にさかのぼって追徴課税ができました（現在では5年分までさかのぼれます）。[*15]

将来的に見解を変えるのであればよかったのですが、税務署の指導に従って一時所得で申告していたのに、その当時の分もふくめ、過去のものまでさかのぼって「給与所得にあたる」ということで追徴課税や加算税、[*16]延滞税というペナルティーまで課されました。

こうして、外資系企業の役員の方たちは、納得を得ることができず、司法の判断を仰ぐべく

＊15　国税通則法70条1項に更正・決定等の追徴課税をできる期限が定められています。当時は法定申告期限（所得税の場合は翌年の3月15日が原則）から3年以内とされていたのですが、平成23年（２０１１年）改正で5年に延びました（平成23年法律第１１４号）。

裁判を起こしたのです。[*17]

■国側の勝訴

第1審の東京地裁では、「一時所得である」という結論でした。[*18] 納税者の主張を認める判決は、第1審（地裁）では、いくつか出ました。[*19]

たとえば、東京地裁平成14年11月26日判決は、次のように判示しました。

「……本件ストックオプションの権利行使利益は、原告の就労の対価ではなく、その投資判断に基づく偶然的、偶発的所得であって、勤労性所得ではなく、ストックオプションという期待権に基づく資産性所得であり、回帰的に発生するとは限らないものとみるべきものであって、その質的担税力において給与所得や雑所得とは異なっており、一時所得である」

しかし、このように一時所得とした第1審（東京地裁）の判断は、控訴審（東京高裁）でことごとく覆されます。[*20] そして、控訴審と同様に、最高裁も「給与所得である」として、国側を勝訴させました（最高裁平成17年判決）。[*21]

最高裁の判決は、簡潔に淡々と述べるだけで、次のようなものでした。

「……B社は、A社の発行済み株式の100%を有している親会社であるというのであるから、B社は、A社の役員の人事権等の実権を握ってこれを支配しているものとみることができるのであって、上告人は、B社の統括の下にA社の代表取締役としての職務を遂行していたものということができる。そして、前記事実関係によれば、本件ストックオプション制度は、B社グループの一定の執行役員及び主要な従業員に対する精勤の動機付けとすることなどを企図して

＊16　過少な申告がされていた場合に、原則として過少申告の本税10%に相当するペナルティー（行政措置）として課せられる過少申告加算税（国税通則法65条1項）の賦課決定がされました。

＊17　2000年（平成12年）12月1日付け日経産業新聞には、「海外ストックオプション　追徴課税の取り消し提訴」との見出しのもと、「米国企業の元幹部が（同年11月）30日、処分の取り消しを求める訴訟を東京地裁に起こした。」との記事が掲載されています。

＊18　東京地裁平成14年11月26日判決・判タ1106号283頁。

＊19　東京地裁平成15年8月26日判決・判タ1129号285頁、東京地裁平成16年3月16日判決・判タ1166号135頁、東京地裁平成16年12月17日判決・判時1878号69頁。なお、多数の同種訴訟が係属していたため、いずれの判決も同日付けで、ほぼ同じ内容の複数の納税者の判決が言い渡されています。

＊20　東京高裁平成16年2月25日判決・裁判所HP、東京高裁平成16年1月28日判決・裁判所HP、東京高裁平成17年4月27日判決・税資255号順号10013等。

＊21　最高裁平成17年1月25日第三小法廷判決・民集59巻1号64頁。

設けられているものであり、B社は、上告人が上記のとおり職務を遂行しているからこそ、本件ストックオプション制度に基づき上告人との間で本件付与契約を締結して上告人に対して本件ストックオプションを付与したものであって、本件権利行使益が上告人が上記のとおり職務を遂行したことに対する対価としての性質を有する経済的利益であることは明らかというべきである。そうであるとすれば、本件権利行使益は、雇用契約又はこれに類する原因に基づき提供された非独立的な労務の対価として給付されたものとして、所得税法28条1項所定の給与所得に当たるというべきである。」

ただ、加算税の部分については、「見解を変更するに当たっては法律の改正が望ましく、そうでなくても通達の改正をすべきだった」と、加算税が賦課されていた別の納税者の事件で、最高裁は述べています（最高裁平成18年判決）。[*22] 見解の変更を周知し定着させるべき義務が国税当局にあったことを最高裁が認めて、平成14年の6月の通達改正[*23]がなされるまでは、こうした周知定着の対応はとられていなかった点を糾弾します。

こうして、通達改正がなされるまで（平成13年分の確定申告まで）は、「課税庁の従前の見解に基づいて一時所得として申告した納税者には『正当な理由』が認められるため、加算税までは課すべきでない」という判決が下されました（最高裁平成18年判決）。

行使益が給与所得か一時所得かをめぐる本税の争いは、国税当局が勝訴しました。しかし、給与所得が正しいとしても、課税の経緯からすると、一時所得で申告した納税者に対してペナルティー（行政措置）としての過少申告加算税まで賦課することはできないと判断され、この点では納税者に軍配が上がったのです。

この点についての最高裁判決を引用します（最高裁平成18年判決）。

「……課税庁においては、上記ストックオプションの権利行使益の所得税法上の所得区分に関して、かつてはこれを一時所得として取扱い、課税庁の職員が監修等をした公刊物でもその旨の見解が述べられていたが、平成10年分の所得税の確定申告の時期以降、その取扱いを変更し、給与所得として統一的に取り扱うようになったものである。この所得区分に関する所得税法の解釈問題については、一時所得とする見解にも相応の論拠があり、最高裁平成16年（行ヒ）第141号同17年1月25日第三小法廷判決・民集59巻1号64頁によってこれを給与所得とする当審の判断が示されるまでは、下級審の裁判例においてその判断が分かれていたのである。この

＊22　最高裁平成18年10月24日第三小法廷判決・民集60巻8号3128頁。

＊23　もっとも、平成14年6月24日付け課個2－5ほかによる所得税基本通達23～35共－6の改正は、雇用契約又はこれに類する原因に基因して権利が与えられた場合の行使益の所得区分を原則として給与所得とする旨の規定に、「発行法人が外国法人である場合においても同様であることに留意する。」という（注）を加えただけでした。

ような問題について、課税庁が従来の取扱いを変更しようとする場合には、法令の改正によることが望ましく、仮に法令の改正によらないとしても、通達を発するなどして変更後の取扱いを納税者に周知させ、これが定着するよう必要な措置を講ずべきものである。ところが、前記事実関係等によれば、課税庁は、上記のとおり課税上の取扱いを変更したにもかかわらず、その変更をした時点では通達によりこれを明示することなく、平成14年6月の所得税基本通達の改正によって初めて変更後の取扱いを通達に明記したというのである。そうであるとすれば、少なくともそれまでの間は、納税者において、外国法人である親会社から日本法人である子会社の従業員等に付与されたストックオプションの権利行使益が一時所得に当たるものと解し、その見解に従って上記権利行使益を一時所得として申告したとしても、それには無理からぬ面があり、それをもって納税者の主観的な事情に基づく単なる法律解釈の誤りにすぎないものということはできない。」

「戦後最大の税務訴訟」と呼ばれたストック・オプション訴訟では、判決が出るたびに、新聞やニュースなどで報道されていました。

税金の内容は法律に規定されています。しかし、実際には解釈が問題になるため、学者の間でも見解が分かれます。学者（税法研究者）からも、「一時所得説」は相当程度の支持をされていました。引用した判決文に、給与所得と判断した最高裁自身が「一時所得とする見解にも相応の論拠があり」ますね、と述べていたぐらいです。このようなむずかしい税法解釈の問題は、最後は裁判で決着せざるを得ません。

この事件は2000年（平成12年）～2001年（平成13年）ごろに提訴がされ始め、裁判所の判断は2005年（平成17年）～2007年（平成19年）ごろに決着しています。

この辺りからこうした税金の問題を裁判で争う税務訴訟を利用して、最高裁で決着をみるまで争おうとする人たちが増えてきました。当時の税務訴訟の新規提訴件数の推移をみてみると、このことがよくわかります。[*24]

もちろん、同種事件も件数は別々にカウントされますので、ストック・オプション訴訟のような同種訴訟が多発した場合に新規提訴件数が形式的に増えるという見方もできますが、いずれにせよ訴訟件数が活発化した時代でした。

当時の税務訴訟の発生状況（新規提訴の件数）は、次頁のグラフの通りです。平成14年（2002年）度から平成23年（2011年）度の10年間は、毎年コンスタントに約340件以上の新規提訴がなされていたこと、特に平成15年（2003年）度は492件、平成16年

*24　国税庁・国税不服審判所「平成23年度における不服申立て及び訴訟の概要」（平成24年6月）。

◎平成23年度までの訴訟の発生件数

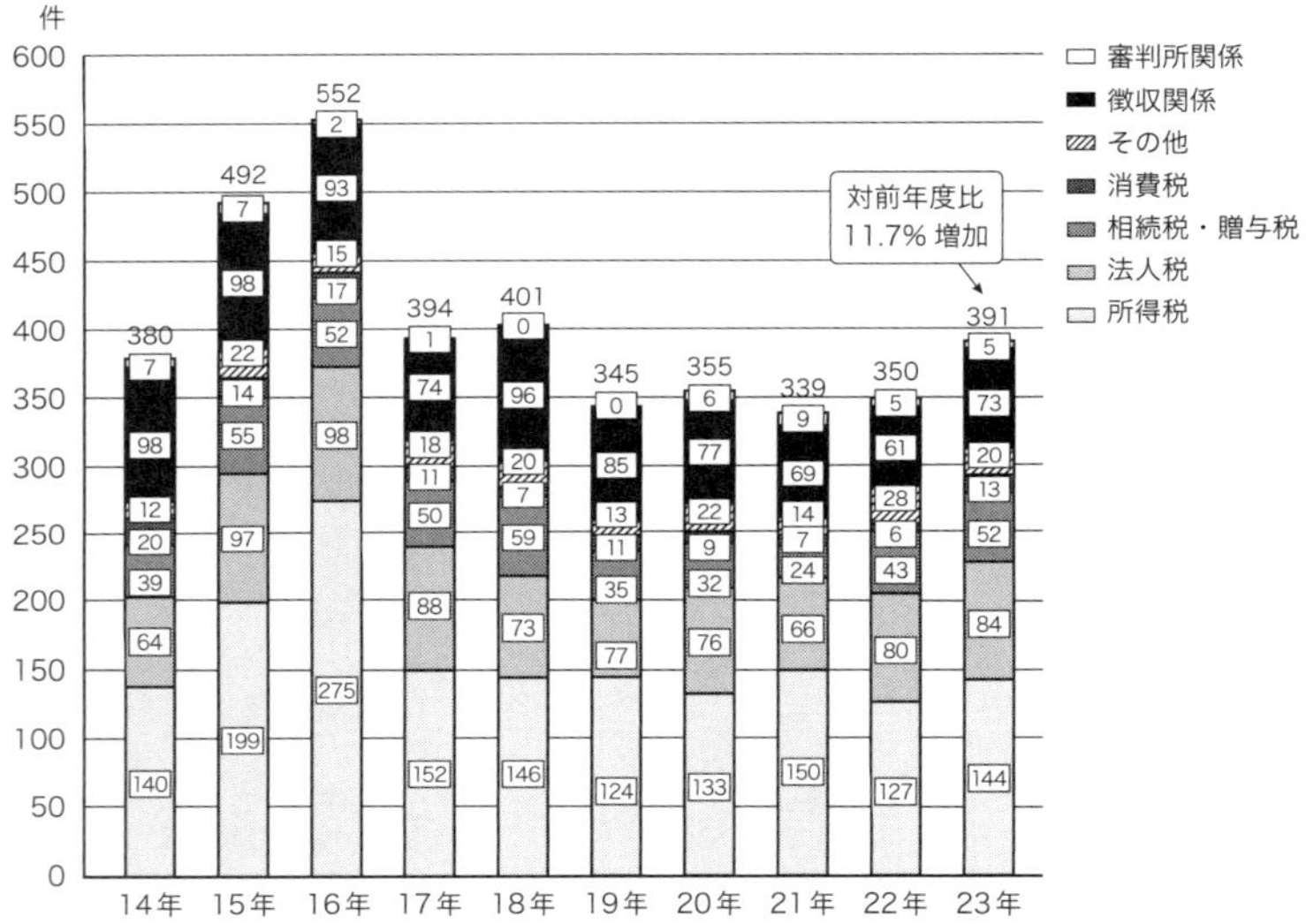

出典：国税庁・国税不服審判所「平成23年度における不服申立て及び訴訟の概要」（平成24年6月）

（2004年）度は552件と、その数が非常に高値を記録していたことがわかります。[*25]

最近では、特に大企業が税務訴訟を積極的にするようになりました。平成20年（2008年）以降に判決が言い渡された、最近のものだけでも、NTTドコモ、グラクソ、アドビ、IBM、ホンダ、ヤフー、デンソーなどの大企業が、国に対して税務訴訟を提起しています。税制の法解釈をめぐる争いが、裁判所（司法）の判断で決着する時代になったのです。[*26]

税法を学ぶことは、その内容を知

ることだけを意味しません。現実の事例に税法をどのように適用すべきかという、解釈の争いにも着目することが必要です。そのためには、「判例」という裁判所の判断をみなければなりません。そのあたりもふくめて本書ではお話をしていきたいと思います。

なお、税務争訟（不服申立て・税務訴訟）の制度については、第7章で詳しくお話をします。

＊25　ここにいう「年度」は、その年の4月1日から翌年3月31日までを指します。

＊26　NTTドコモ事件（最高裁平成20年9月16日第三小法廷判決・民集62巻8号2089頁）、グラクソ事件（最高裁平成21年10月29日第一小法廷判決・民集63巻8号1881頁）、アドビ事件（東京高裁平成20年10月30日判決・税資258号順号11061）、IBM事件（東京高裁平成27年3月25日判決・判時2267号24頁）、ホンダ事件（東京高裁平成27年5月13日判決・裁判所HP）、ヤフー事件（最高裁平成28年2月29日第一小法廷判決・民集70巻2号242頁）、デンソー事件（名古屋高裁平成28年2月10日判決・訟月62巻11号1943頁）。

TAX LAW 3

税務調査の手続が法制化された国税通則法改正（平成23年改正）

以上のような流れで、日本の税法の歴史は進んできました。

特に戦後においては、「サラリーマン税金訴訟」という20年に及ぶ訴訟があり、憲法論で争った時代がありました。今日では、約１００件の訴訟が提起された「ストック・オプション訴訟」のように、違憲か合憲かという憲法論よりも、税法の解釈を正面から争っていく「あらたなステージ」に入ってきました。

税務訴訟では納税者が勝ち、国が負けることがあります。毎年、国税庁は6月に納税者の勝訴率、国側の敗訴率、件数もふくめて統計データを発表しています。先ほどは平成23（２０１１）年度の訴訟の発生件数のデータ（グラフ）をみましたが、最新（平成28年度）の統計データをみると、発生件数および勝訴率（認容率）は、次の状況です。

新規提訴の件数が、近年減少していることがわかります。先ほどみたグラフの最後にあった

◎平成28年度までの訴訟の発生件数

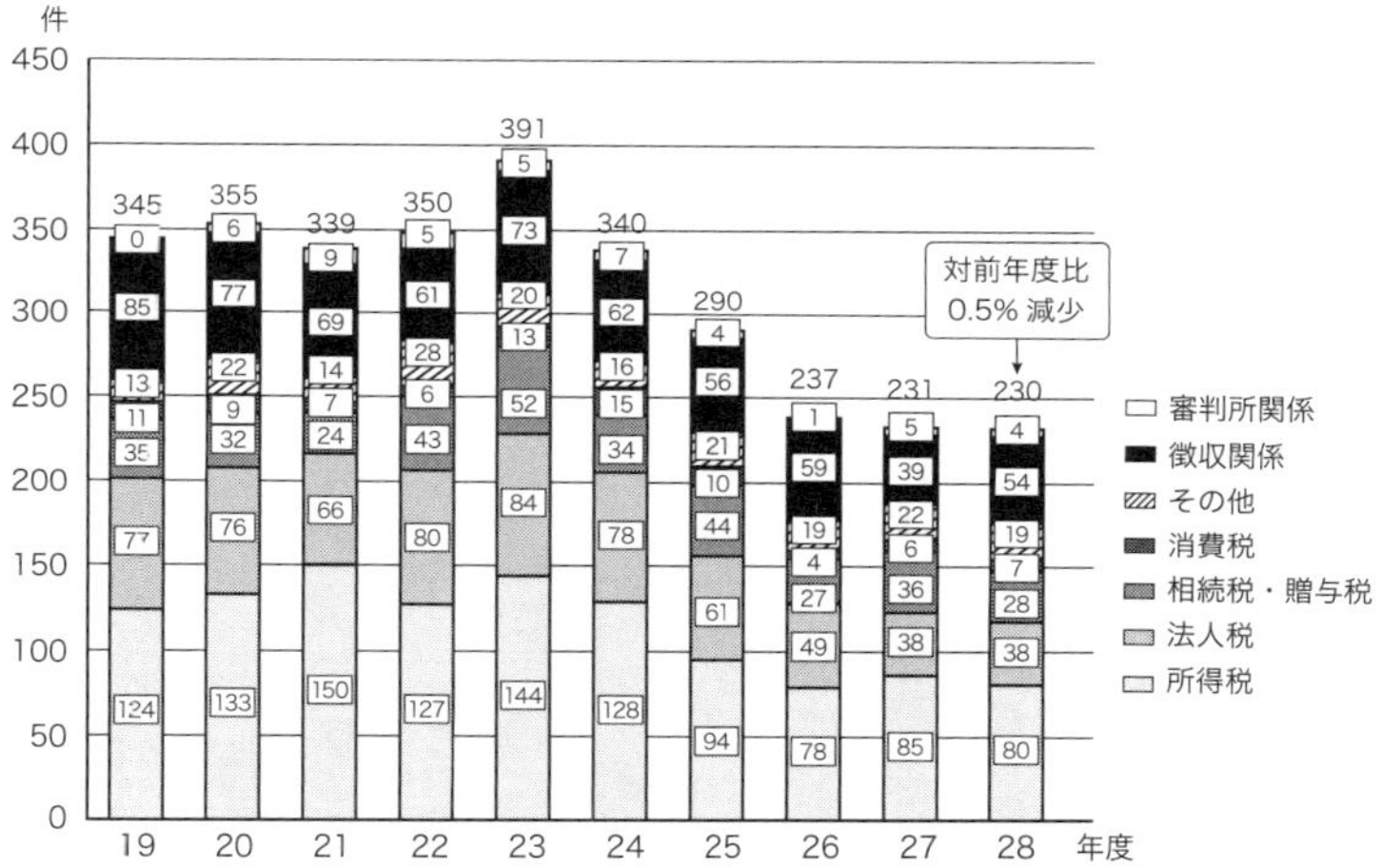

（注）年度は４月１日から翌年３月31日までです。
出典：国税庁「平成28年度における訴訟の概要」（平成29年６月）

平成23年（２０１１年）度の３９１件が、この10年間ではピークとなり、その後、３４０件（平成24年（２０１２年）度）、２９０件（平成25年（２０１３年）度）、２３７件（平成26年（２０１４年）度）、２３１件（平成27年（２０１５年）度）、２３０件（平成28年（２０１６年）度）と、年々、税務訴訟の新規提訴の件数が減っています。

もっとも、このように税務訴訟の件数が減少したのは、平成23年（２０１１年）の「国税通則法改正」で、**税務調査の手続が法定化された**ことで、調査件数が約３割減少したこと（後述。１１２頁参照）、それにともない処分（追徴課税）の件数も減少したこと、国税当局も処分に慎重になったことなどが原因であるとみられています。

◎納税者の勝訴率の推移

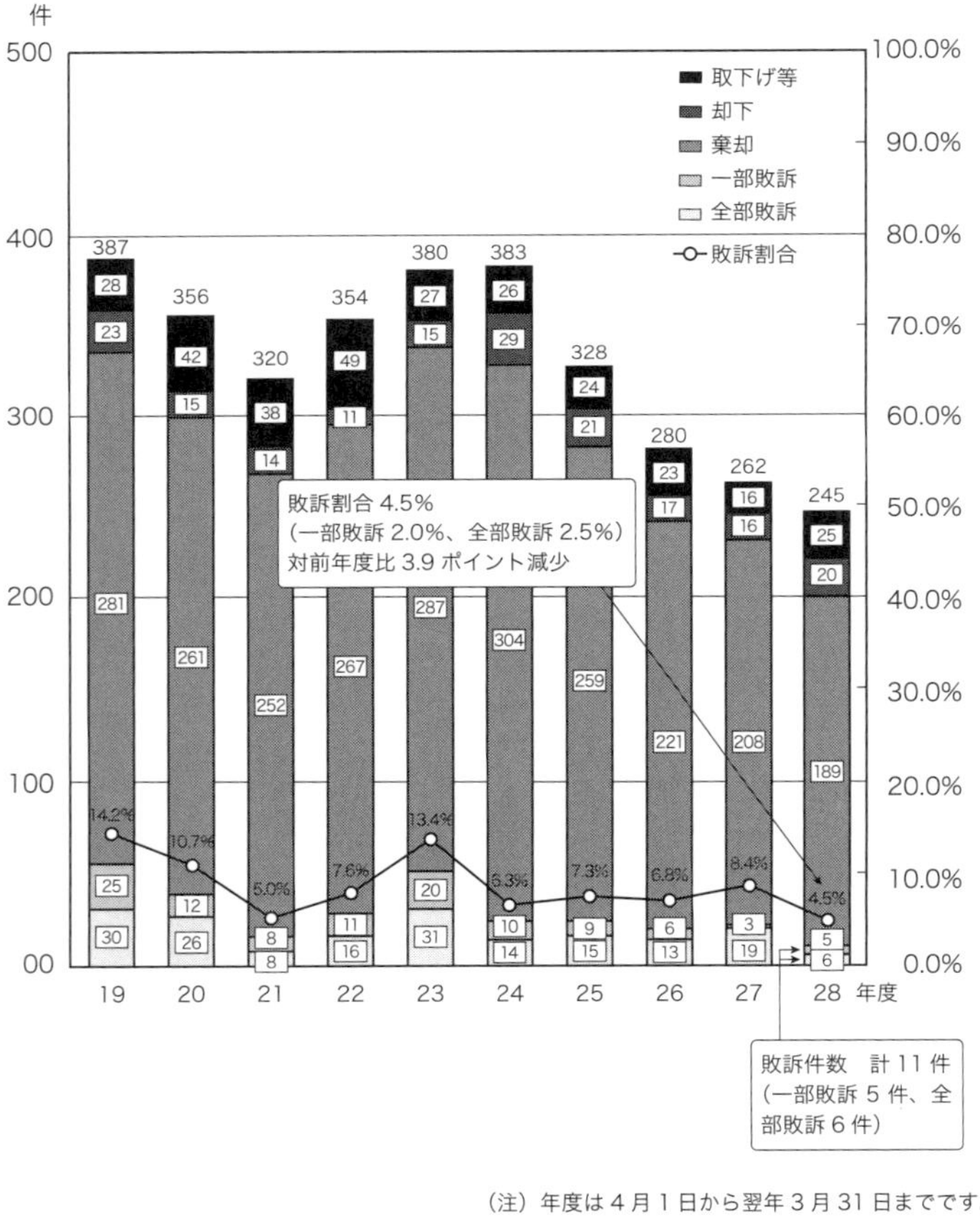

（注）年度は 4 月 1 日から翌年 3 月 31 日までです。
出典：国税庁「平成 28 年度における訴訟の概要」（平成 29 年 6 月）

逆にいうと、新しい税務調査の手続に国税当局が慣れてくれば、また様相が変わる可能性もある、ということです。

■納税者の勝訴率は？

次に、納税者の勝訴率の推移をみてみましょう。前頁のグラフの下にある「○%」と表記されている折れ線グラフが、納税者の勝訴率です。グラフでは国税からみて「敗訴割合」と記されていますが、これは納税者の請求が認められた割合（**認容率**）と同じですので、納税者の「勝訴率」ということができます（ただし、請求の全部が認められた場合〈**全部認容**〉だけでなく、一部が認められた場合〈**一部認容**〉もふくまれています）。

最近は停滞気味で数%の勝訴率です。過去には、先ほどお話をしたストック・オプション訴訟の加算税の判決が出た平成18年（2006年）度がありました。この年度の国税の敗訴件数は過去最高を記録。納税者の勝訴率も18%近く（17・9%）まで上がりました。

このように、今は憲法違反という（裁判で勝つことがむずかしい）[*1]大きなところで争うより

＊1　憲法違反で税務訴訟に勝つことがむずかしいのは、大島訴訟の最高裁判決（大法廷判決）が租税立法の合憲性判断を緩やかに判断すべきことを明らかにしたからです。

◎国税庁職員の定員数の推移

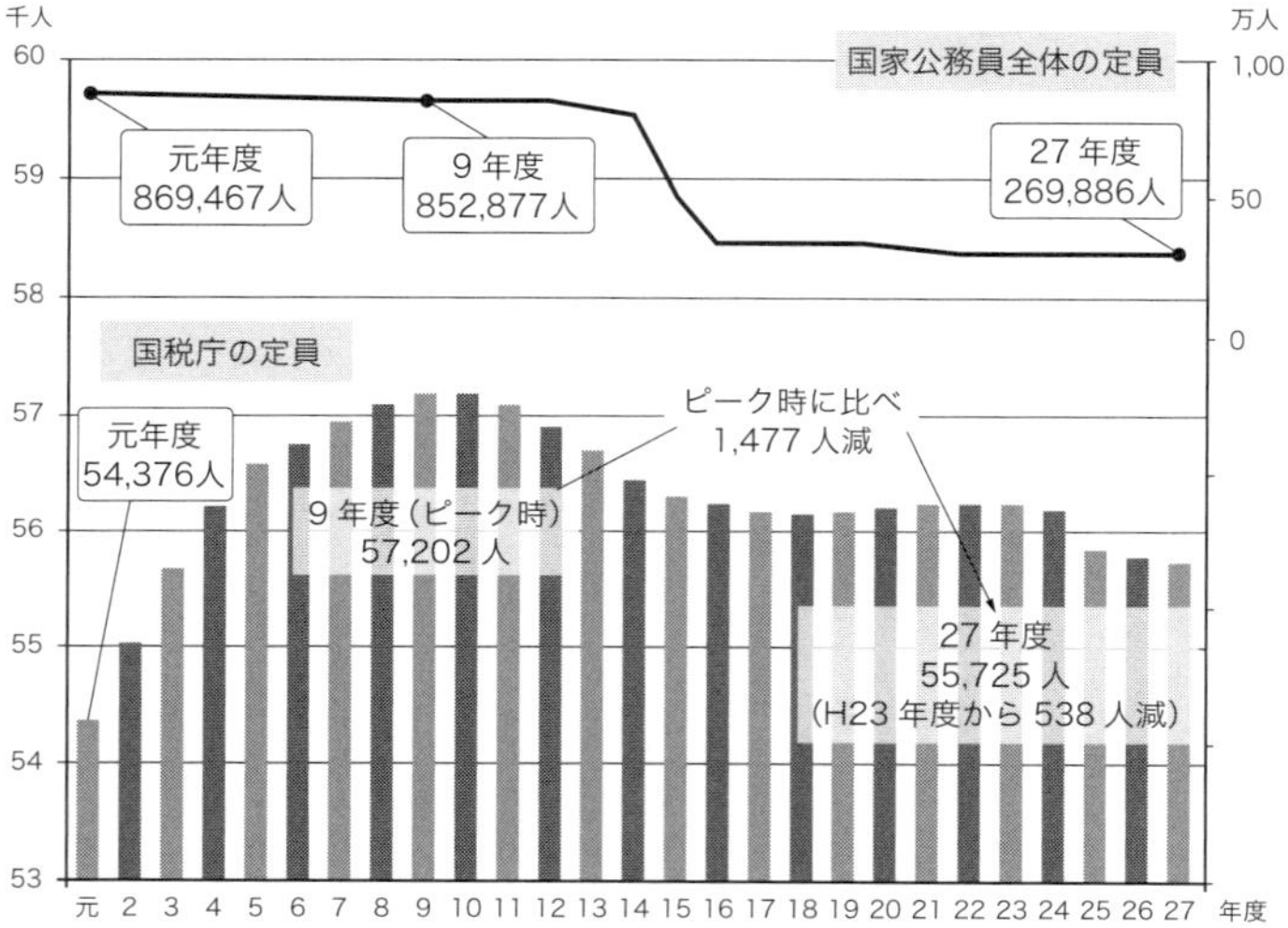

出典：国税庁「税務行政の現状と課題」

も、**個別の税法の解釈を争い、司法判断による法解釈の決着を求める裁判**が起こされる時代になりました。

■申告納税制度が原則

税金の裁判（税務訴訟）は、そもそもどのように行われるのでしょうか。

納得がいかないとして納税者が争う税務訴訟の対象の多くは、一般に「**追徴課税**」と呼ばれるものです。

追徴課税の前には、税務署または国税局の**税務調査**が入ります。税務調査は、納税者個人であれば個人に対して入り、法人・株式会社などにも入ります。企業に勤めている経理部門などの方であれば、税務調査が数年に1度はあることをご存知かもしれません。

詳細は第6章で説明しますが、日本の税制（国税）では「**申告納税制度**」といって、自分の税金については自分で書類を書いて税務署に提出し、自分で計算して税額を確定させるのが大原則になっています。[*2]

なぜ原則かというと、戦後の新憲法のもとで「**自分のことは自分で決める**」という民主主義の考え方が推進されたのと、[*3]実際にすべてを税務署が行うのは無理な話だからです。

特に最近では、国税当局の人手不足の問題があります。[*4]そこで効率性の観点から、たとえば「国際課税に重点を置く」などという形でしか税務調査ができない時代になってきています。

国税庁職員の定員数の推移は、前頁のグラフの通りです。

国税庁職員の定員が平成27年（２０１５年）度は5万５７２５人であり、ピーク時である平成９年（１９９７年）度の５万７２０２人から１４７７人減少しています。このような状況か

＊2　国税通則法16条1項1号、2項1号、所得税法１２０条、法人税法74条、相続税法27条、28条、消費税法45条。

＊3　実際には、アメリカの制度が推奨されたもので、導入時には新憲法の民主主義との結びつきが強調されたものではなかったという側面もあります。

＊4　国税庁「税務行政の現状と課題」（平成27年3月9日）参照。

らすると、納税者が自分で申告したもので原則は税額が確定するという制度を採らなければ、とても回りません。

「賦課課税制度」といって、税務署が個々の納税者の税金を決めるという仕組みも戦前は（国税の主要税目でも）採られていましたが、「個々の納税者の所得などを税務署が逐一計算してその税額を決めていく」ということは現実には困難です。申告納税制度のもとでは、自分の申告は自分自身で行うことが必要です。

しかし、複雑な税制を理解しながら正確な申告を一般の方が行うのは、むずかしい側面があります。そこで、**納税申告をサポートする「税務に関する専門家」としての税理士が必要になります。**[*5] 7万人以上登録されている税理士がいるのは[*6]、この点でも意味があるのです。[*7] 申告納税制度と賦課課税制度については、第6章で詳しくお話をします。

■税務調査、税務訴訟の大まかな流れ

しかし、納税者の申告が正しいとは限りません。ごまかしている人もいるかもしれません。「私はまじめに正直に申告しているのに、となりの人はごまかした申告をしている」、あるいは「あの人は申告もしていないのに、おとがめもないようだ」となってしまえば、まじめに正直

に申告すること自体がばかばかしくなってしまうでしょう。そのような空気ができてしまうと、納税者の自主的な申告を前提とした仕組みである申告納税制度が機能することがむずかしくなってしまいます。

そこで、税務調査が入るのです。ただし、国税職員の人員（人的資源）にも限りがあります。

そこで、近年の税務調査は特に問題がありそうな業種や、過去に不正をした納税者や、[*8]国際的

＊5　税理士法1条には「税理士は、税務に関する専門家として、独立した公正な立場において、申告納税制度の理念にそつて、納税義務者の信頼にこたえ、租税に関する法令に規定された納税義務の適正な実現を図ることを使命とする。」と規定されています。税理士法（昭和26年法律第２３７号）は、税理士の前身である税務代理士を規制していた税務代理士法（昭和17年法律第46号）を是正し、あらたな制度として１９５１年（昭和26年）６月15日に公布され、同年７月15日から施行されました。

＊6　平成29年（２０１７年）５月末日現在の税理士登録者数は、７万６３１４人です（日本税理士会連合会ＨＰ）。

＊7　東京国税局長などを歴任された荒井英夫氏（現在、青山学院大学大学院法学研究科特任教授）の論文に「税理士は申告納税制度を税務執行当局とともに支える役割を担っているということができる。」「税務執行当局が『定員・予算の増加の困難化』に直面していることを考えると、申告納税制度を維持し、税制の円滑は実施を確保していく上で、〔筆者注：税理士の〕その役割はますます重要なものとなっている」という指摘があります（荒井英夫「税制の円滑な実施に大きな影響を与えている要因についての概論」税大ジャーナル19号〔２０１２年〕１１３～１１４頁）。

＊8　国税当局には、**ＫＳＫ（国税総合管理）システム**が導入されており、これにより重点的に調査すべき対象の納税者を抽出しています（国税庁「国税総合管理〔ＫＳＫ〕システムの刷新可能性調査の結果等について」〔平成16年４月〕参照）。

租税回避など巨額の税逃れの可能性がある国際取引など、重点項目をしぼり、そこに税務調査を集中させています。[*9]

税務調査は、刑事事件に対する（強制調査）ではなく、あくまで**行政調査**です。つまり、任意の調査で、納税者の協力が前提となっています。令状を取ってガサ入れをするとか、捜索・差押えをするとかいうのとはまったく違います。あくまで税務署から、「調査をさせてください、この日はどうですか」といった日程の調整などをし、そのうえで会社を訪れて、「こういう資料を見せてもらえますか」という流れになっています。[*10]

調査を経て、「申告内容が誤りだった」「税金が少なく申告されていた」「申告されていなかった」となると、「追徴課税」といわれる行政処分が行われます。

ただ、その処分に納得がいかない納税者がいる場合、その取り消しを求めて行政訴訟を国に対して起こすことができるようになっています。これが「税務訴訟」です。

■国税通則法の改正により、税務調査の手続が明確に規定された

こうした税務調査や追徴課税の内容、裁判の前の不服申立ての内容などの手続を定めた法律が「**国税通則法**」です。国税の納税義務の確定手続や、税務調査・不服申立てといった手続を

定めています。

この国税通則法は、平成23年（２０１１年）に大改正がなされました。これは昭和37年（１９６２年）に国税通則法が制定されて以来[*11]、**49年ぶりの大改正**でした。

＊9　財務省「平成27事務年度　国税庁実績評価書」（平成28年10月）50頁には、「大口・悪質な不正事案に対して、適切な調査体制を編成し、的確かつ深度ある調査を実施しました。また、国際取引や電子商取引など国税当局による取引の把握が困難な事案に対して、組織横断的な情報収集・実態解明等を実施し、的確かつ深度ある調査を実施しました。なお、大法人に対しては、税務に関するコーポレートガバナンスの充実に向けた取組を促進するとともに、税務に関するコーポレートガバナンスの状況が良好である法人の調査間隔を延長し、より調査の必要度が高い法人へ調査事務量を重点的に配分するなど適正な課税の実現に取り組みました。」との記載があります。

＊10　ただし、税務調査に協力しない場合には罰則の規定があり（国税通則法１２８条）、適法な調査である以上、調査を受忍する義務はあると考えられています。そこで任意調査ではあるものの、間接強制の要素があると説明されることがあります。なお、国税通則法１２８条本文には「第97条第1項第1号若しくは第2項（審理のための質問、検査等）の規定による質問に対して答弁せず、若しくは偽りの答弁をし、又は同条第1項第3号若しくは第2項の規定による検査を拒み、妨げ、若しくは忌避し、若しくは当該検査に関し偽りの記載若しくは記録をした帳簿書類を提示した者は、30万円以下の罰金に処する。」と規定されています。

＊11　国税通則法は、昭和37年（１９６２年）に制定され、同年4月1日から施行されました（昭和37年法律第66号）。国税通則法が制定される以前は、国税徴収法が徴収制度を統一的に規定した制度としてありましたが、国税徴収法の全面的な再整備を議論するなかで、各税法における基本的な仕組みを明らかにした共通規定を制定する必要性が唱えられました。こうして、国税通則法は戦後になってから制定されました。

改正の目玉は、**税務調査の手続が法律で明確に規定された**ということです。租税法律主義は、「手続を法律で定めなければいけない」というものですから、本来は税務調査の手続を法律で定めるのは当たり前の話です。

じつは、平成23年（２０１１年）改正前は、「**質問検査権**」といって、税務調査の際に税務署職員が納税者に対して「必要な質問をできる」「必要な物件の提示を求めることができる」といった権限の規定が、所得税法・法人税法・相続税法といったそれぞれの税法に規定されているだけでした。つまり、「税務調査はどのようなステップで進んでいくのか」といった手続全体の規定すら何もなかったのです。

これは法律家の発想からすると、まったく恐ろしいというかおかしなことです。刑事事件などであれば、逮捕や拘留などの手続は、刑事訴訟法ですべて厳格に規定されています。[*12] 税務調査には、それがありませんでした。平成23年（２０１１年）に、ようやく手続が規定されたのです。

たとえば、「**事前通知**」といって、「どのような事項を税務調査の対象となる納税者に通知しなければいけないのか」という点が規定されました（国税通則法74条の９）。

また、従前は「無予告調査」といって、レシートを捨てていたり、帳簿をつけていないといったあやしい納税者に対しては、事前の通知をしないでいきなり調査することが運用上ありました（国税通則法74条の10）。しかし、その場合でも、「こういうケースでないと、事前通知なしに無予告調査をすることはできません」といったルールが、明文化されました。

さらに、「こういう事項を説明しないといけない」、「争いたい場合は争えることを教えてあげないといけない」といった、終了の手続も明文で規定されました（国税通則法74条の11）。

改正によって税務調査の件数は減った

それぞれの税法にあった質問検査権の規定も、すべて国税通則法に一本化されました。税務調査に関する規定が整備されるなど、大きな改正でした。[*13] この改正が行われたことで、今まで

＊12　刑事訴訟法には、捜査に関する一般的な規定も189～246条までに詳細に定められています。もちろん、令状主義といって裁判官の令状（許可状）がないと原則としてできない強制処分（強制捜査）に関する規定だからという点はあります。しかし、任意調査であっても「法律による行政」ということを考えれば、また租税法律主義の法定すべきものには手続もふくまれるとの考え方からすれば、やはり法律の手続規定がもともと必要であったといえます。

＊13　税務調査の規定が整備されたほか、白色申告者（税務署長から青色申告の承認を受けていない納税者。青色申告については第6章で詳しくお話しします）に対する更正通知書にも理由を附記しなければならないことにする改正や、過大な申告をした場合に納税者が税務署長に減額を求める手続である更正の請求（国税通則法23条1項）の期限が1年から5年に延びる改正なども行われました（なお、更正の請求の期限は、1962年〔昭和37年〕に国税通則法が制定された当時は、法定申告期限から1か月でしたが、1966年〔昭和41年〕改正で2か月となり、1970年〔昭和45年〕改正で1年に延長されました）。

◎法人の実地調査件数の変化

	法人税の実地調査件数	法人の消費税の実地調査件数
平成 23 事務年度	12 万 9 千件	12 万件
平成 24 事務年度	9 万 3 千件	8 万 8 千件
平成 25 事務年度	9 万 1 千件	8 万 7 千件
平成 26 事務年度	9 万 5 千件	9 万 1 千件
平成 27 事務年度	9 万 4 千件	9 万件

※以下、国税庁公表資料をもとに筆者が作成
国税庁「平成 23 事務年度　法人税等の調査事績の概要」（平成 24 年 11 月）、国税庁「平成 24 事務年度　法人税等の調査事績の概要」（平成 25 年 5 月）、国税庁「平成 25 事務年度 法人税等の調査事績の概要」（平成 26 年 11 月）、国税庁「平成 26 事務年度 法人税等の調査事績の概要」（平成 27 年 11 月）、国税庁「平成 27 事務年度 法人税等の調査事績の概要」（平成 28 年 11 月）を参照。

は法律の枠《わく》がなく、規制がなく、運用でどうにでもできていた税務調査が、手続を守らなければいけないことになったのです。

憲法の考え方としては、「**法律による行政**」といって、行政権は法律に基づいて行われなければなりません。税務調査も行政権の行使なので当たり前なのですが、その縛りが法律によってようやくできました。

改正法が施行されてから、税務調査（**実地調査**）の件数は、上のグラフの通り、のきなみ30％近く減少し、前年までの約7割になりました。[*14] なお、「**事務年度**」とは、7月1日から翌年の6月30日までをいいます。国税庁の人事異動などの1年の区切りは、この事務年度で動いています。

手続を厳格に守ったら丁寧な調査をやらざる

を得ないので、調査の件数を大幅に減らさざるを得なくなった、ということです。これが今の状況です（平成26（2014）事務年度から少し増えてはいますが、改正法適用前の平成23（2011）事務年度とは、依然として大きな差（3万件以上）があります）。

これによって、国税当局もより法律のルールを税において意識せざるを得なくなりました。租税法律主義といいながら、税務調査などの税務行政の現場では、法律の規定に則したものとはいい難いような裁量での運用があるのが実情でした。

改正によって、税務調査も法律に基づき行われる手続であることが明確になり、これによって透明性の高い、法的な税務調査が実現することになりました。**国税当局も納税者側（税理士）も、今より法的な思考力、法律に基づいた課税とはどういうものなのかという点を懸命に勉強されています。**[*15] **そのような時代が日本にも、到来したのです。**

この点、国税庁長官も、税務調査手続が国税通則法に整備された平成23年（2011年）改

*14 平成24（2012）事務年度における実地調査件数は、法人税が9万3千件（前年対比72・6％）、法人の消費税が8万8千件（前年対比73・5％）、源泉所得税が13万6千件（前年対比78・0％）でした（国税庁「平成24事務年度法人税等の調査事績の概要」〔平成25年5月〕）。

*15 この点を強調した本を、筆者はまとめたことがあります（木山泰嗣『法律に強い税理士になる』〔大蔵財務協会、2013年〕があります）。

正をふまえ、事務運営指針を公表し、その冒頭に次のような内容を明記しています。[*16]

「……今般の国税通則法の改正が、調査手続の透明性及び納税者の予見可能性を高め、調査に当たって納税者の協力を促すことで、より円滑かつ効果的な調査の実施と申告納税制度の一層の充実・発展に資する観点及び課税庁の納税者に対する説明責任を強化する観点から行われたことを踏まえ、法定化された調査手続を遵守するとともに、調査はその公益的必要性と納税者の私的利益との衡量において社会通念上相当と認められる範囲内で、納税者の理解と協力を得て行うものであることを十分認識し、その適正な遂行に努められたい。」

この国税庁長官から国税職員への説明部分をみても、法的に税務調査をとらえるべき時代になったことが示唆されていることがわかります。

＊16　国税庁長官「国税通則法第7章の2（国税の調査）関係通達の制定について（法令解釈通達）」。

TAX LAW

第3章

税法とはそもそも何か？

TAX LAW 1

「税法」という法律は存在しない

租税法律主義が採用されているため、税金のルールを定めた法律が、日本には多数存在しています。本書のタイトルには、「税法」とあります。民法[*1]、刑法[*2]、商法[*3]、会社法[*4]などと同じように、「税法」という名前のついた法律があるのかと思われた方もいるかもしれません。

しかし、**税法という名前の法律はありません**（これまで登場した法律名をみても「税法」という法律はありませんでしたよね）。

労働法などもそうですが、「労働法」という法分野（法ジャンル）はあるものの、労働法という名前の法律があるわけではありません。労働契約法[*5]、労働基準法[*6]、労働組合法[*7]といった労働関係の法律を総称して、１つの法分野として「労働法」と呼ばれているのです。

税法も同じです。所得税法[*8]、法人税法[*9]、相続税法[*10]、消費税法[*11]といった個々の税金を定めた法律があります。しかし、税法あるいは租税法といった名前の法律は存在していません。「税法」あるいは「租税法」とは、あくまで1つの法分野の総称です。

本書では「税法」と呼んでいますが、司法試験の選択科目では「租税法」になっています。学者の先生が書いている書籍のタイトルや大学の履修科目名などをみても、「税法」となっているものもあれば、「租税法」となっているものもあります。「税法」なのか「租税法」なのか、統一されていませんが、内容は同じです。本書では、「税法」という言葉を使用していきます。

＊1　明治29年法律第89号。
＊2　明治40年法律第45号。
＊3　明治32年法律第48号。
＊4　平成17年法律第86号。
＊5　平成19年法律第１２８号。
＊6　昭和22年法律第49号。
＊7　昭和24年法律第１７４号。
＊8　昭和40年法律第33号。
＊9　昭和40年法律第34号。
＊10　昭和25年法律第73号。
＊11　昭和63年法律第１０８号。

TAX LAW 2

税法にはどのような法律があるのか？

まず、税法にはどのような法律があるのかをみていきましょう。税法とは、「税金に関する法律」です。

■実体法と手続法の特徴とは？

そもそも一般的に法律は、その性質に着目すると、「**実体法**」と「**手続法**」の2つに分けることができます。

実体法とは、「**国民の権利や義務がどのような場合に発生するのか**」を定めた法律をいいます。たとえば、AさんがBさんに100万円を貸したけれど、Bさんが100万円を返してくれないというケースを考えてみましょう。

この場合、民法587条には、「消費貸借契約」の規定があります。[*1] その内容は、「金銭の授受」があって、授受のあった金銭を後で返すという「返還の合意」もある場合には、つまり、この

2つの要件を満たせば、消費貸借契約が成立します。

この場合、貸主には、借主に対して「同額のお金を返せ」と請求できる権利が発生します。借主からみれば、借りたお金（100万円）を貸主に返す義務が発生することになります。

このように民法の規定は、私人（民間人）同士の間で、国民に権利や義務が発生する場合の要件を定めた法律です。民法のように「国民の権利や義務がどのような場合に発生するのか」を定めた法律のことを、「実体法」といいます。

これに対して手続法は、「**国民の権利や義務を定めた法律（実体法）の内容を実現するためのプロセス**」を定めた法律です。先ほどのAさんとBさんの100万円の例で考えてみましょう。

AさんがBさんに100万円を貸しました。民法上、消費貸借契約が成立し、BさんはAさんに100万円を返さなければならない。そのような、権利と義務がそれぞれに発生した状態になっていました。それでも現実には、「返してくださいといっているのに、返してくれない」ということはあるでしょう。

＊1　民法587条には「消費貸借は、当事者の一方が種類、品質及び数量の同じ物をもって返還をすることを約して相手方から金銭その他の物を受け取ることによって、その効力を生ずる。」と規定されています。

このような場合、最終的には民事訴訟という裁判を起こすことによって、貸主（Aさん）は借主（Bさん）から貸したお金（１００万円）の回収をすることができます。

こうした権利（自分がもっている権利であり、相手が負っている義務でもあります）を実現するための手続を定めた法律を「手続法」といいます。この例でいえば、民事訴訟法が、民法という「実体法」の内容を実現する「手続法」になるということです。

民事訴訟を提起して「１００万円を払え」という判決が下されたとします。しかし、それでも返してくれないことが、実際にはあるでしょう。

そのような場合、その人の自宅などを差し押さえて財産を保全したり、最後は相手の財産を競売にかけるなどして回収をはかる強制執行をしたりと、さらなる手続をとって実現せざるを得ないこともあります。前者について定めた民事保全法[*2]や、後者について定めた民事執行法[*3]といった法律も、また手続法にあたります。

＊2　平成元年法律第91号。
＊3　昭和54年法律第４号。

TAX LAW 3

国税と地方税の違い

このように、「法律はその性質によって、実体法と手続法に分けられる」というのが一般的な法学の考え方です。

この視点でみると、税法についても、実体法と手続法に分けることができます。税法における実体法は、国民の納税義務が成立するための要件（課税要件）を定めた法律です。

税金には、国が課税する「**国税**」と、地方公共団体が課税する「**地方税**」があります。税法を勉強する場合、通常は国税をメインに学ぶため、本書も国税の話を中心にしています。そこで、まずは国税を例に考えてみたいと思います。

■「1つの税金は1つの法律で定められる」のが国税の原則

国税の場合、主要な税目《ぜいもく》（税金の名前）として、所得税、法人税、相続税、贈与税、消費税があります。これらの税目については、ルールを定めた法律が存在します。具体的には、所得税法、法人税法、相続税法、消費税法です。

「一税目一法律主義《いちぜいいちもくいち》」といって、1つの税金（税目）は**1つの法律で定められる**のが、国税の原則です。

しかし、相続税と贈与税については、例外的に相続税法という1つの法律で定められています。序章でもお話しましたが、相続税を補完するための税金が贈与税だと考えられているからです。

相続税の重い税負担を免れるために、生前に親が子どもに財産を贈与してしまう――。これに特殊な税金がなければ、所得税の課税だけで終わります。そうすると、相続税を免れることができてしまいます。そこで、相続税よりも税率の高い贈与税を相続税法は規定しているのです。

こうして、相続税法は、相続税と贈与税の2つの税目を定めています。これは国税における原則である「一税目一法律主義」の例外です。

これに対して手続法は、どうでしょうか。一般的に税金（納税義務）を確定する手続を定めた法律が必要になるでしょう。また、確定した税金について納税者が納付をしない場合、納税者の財産に対する差押えをしたり、公売などの強制執行をして徴収をしたりするための手続も必要になります。

前者については**国税通則法**[*1]、後者については**国税徴収法**[*2]という2つの手続法があります。

手続法にはもう1つ、脱税など強制調査の必要がある場合に使われる**国税犯則取締法**[*3]という法律も、つい最近までありました。同法は、明治時代にできた古い法律が古い条文（漢字カタカナ）のままで現代まで生き続けていたのですが、平成29年（2017年）度税制改正で、国税通則法に組み入れられ、廃止されることが決まりました。[*4]

地方税は1つの法律に集約されている

地方税の場合は、国税のように税目ごとに1つの法律で定めたり、別の法律で手続を定めたりはしていません。ここで、少し詳しく地方税もみてみましょう。

地方税は、一税目一法律主義ではありません。地方税は、**「地方税法」という1つの法律に集約して規定されています。**[*5]あらゆる地方税の税目と手続については、すべて地方税法に規定

＊1　昭和37年法律第66号。
＊2　昭和34年法律第147号。
＊3　明治33年法律第67号。
＊4　平成29年法律第4号。施行日は、平成30年（2018年）4月1日です。
＊5　昭和25年法律第226号。

されています。

地方税法の条文の数は、非常に多いです。たとえば、民法の条文は1044条もあり、日本の法律のなかで一番条文の数が多いといわれています。地方税法は、1つの条文のなかに、後から改正で規定された「70条の2、70条の3」といった枝番号がついた条文がたくさんあります。たとえば、地方税法72条には枝番号が117もあります。

こうした枝番号もふくめて条文の数を数えると、じつは地方税法の条文数が日本の法律のなかで一番多いといわれています。[*6]

地方税法は、国税であればさまざまな法律に分けて規定されている内容をすべてまとめて1本の法律で規定している点に、特徴があります。

■地方税は、条例でさらに詳細が定められている

地方税には、固定資産税、住民税（道府県民税〔都民税〕、市町村民税〔特別区民税〕）、事業税、不動産取得税などがあります。今挙げた地方税法の目次の通り、これらはすべて地方税法という法律に定められています。

もっとも、地方税は法律だけで完結しているものではありません。さらに条例に詳細な規定

が定められています。具体的には、地方団体（地方公共団体のことですが、地方税法では「地方団体」と呼びます）が[*7]、条例で、その団体の税金（地方税）のルールを定めています。これを「**地方税条例主義**」といいます。

具体的には、神奈川県などの都道府県、横浜市などの地方団体が、それぞれの条例で、税金（地方税）のルールを定めています。たとえば、神奈川県には神奈川県県税条例があります[*8]。また、横浜市には横浜市市税条例があります[*9]。

そのもとになるのが地方税法です。地方税は、地方税法だけ直接課税できるのではなく、地

＊6　青木丈「そうだったのか！　租税法令雑学塾　第8回」税理58巻2号（2015年）141頁には「地方税法は、枝番号の付いた条も合わせるとその条数は1500以上となります」と説明されています。

＊7　地方税法1条1項1号で、地方団体とは「道府県又は市町村をいう。」と定義されています。

＊8　神奈川県県税条例（昭和45年神奈川県条例第26号）。神奈川県県税条例では、普通税として、県民税（9～16条の6）、事業税（17～22条の2）、不動産取得税（22条の3～27条の3）、県たばこ税（28条）、ゴルフ場利用税（28条の2～35条）、自動車取得税（44～45条）、軽油引取税（46～51条）、自動車税（55～61条の2）、鉱区税（62～64条）、固定資産税（69～72条）が規定され、目的税として、狩猟税（73～76条）が規定されています。

＊9　横浜市市税条例（昭和25年横浜市条例第34号）。横浜市市税条例では、普通税として、市民税（21～40条の10）、固定資産税（41～70条）、軽自動車税（71～81条の2）、市たばこ税（82～92条）、特別土地保有税（104条の2～120条）が規定され、目的税として、入湯税（121～128条）、事業所税（129～129条の13）、都市計画税（130～135条）が規定されています。

方税法が定める「枠」のなかで、各地方団体が税条例を作ります。そして、この税条例に基づいて課税しているのです。

地方税法には、「地方団体は、この法律の定めるところによつて、地方税を賦課徴収することができる。」と定められており（2条）、また、「地方団体は、その地方税の税目、課税客体、課税標準、税率その他賦課徴収について定をするには、当該地方団体の条例によらなければならない。」（3条1項）と規定されています。

たとえば、地方団体には、条例で異なる税率を定めるなどの裁量があります。[*10] しかし、地方税法という枠（国が定めた法律という意味で「**国法**《こくほう》」ということがあります）の範囲内であることが求められます。

この点について、緊急の財政難を克服するために一定期間のみ臨時の特例として課税する税金を定めた条例が、地方税法が定める規定の趣旨に反するとして、最高裁で税条例が無効と判断された事例があります。[*11]

平成25年（2013年）に下されたこの最高裁判決は、次のように述べています。[*12] 地方税の仕組みについての本質的な部分が述べられた最高裁判決ですので、しっかり読んでみましょう。

「……地方自治法14条1項は、普通地方公共団体は法令に違反しない限りにおいて同法2条2

項の事務に関し条例を制定することができると規定しているから、普通地方公共団体の制定する条例が国の法令に違反する場合には効力を有しないことは明らかであるが、条例が国の法令に違反するかどうかは、両者の対象事項と規定文言を対比するのみでなく、それぞれの趣旨、目的、内容及び効果を比較し、両者の間に矛盾抵触があるかどうかによってこれを決しなければならない（略）。」

まず、この部分ですが、地方自治法[*13]14条1項をみると、「普通地方公共団体は、法令に違反

*10　たとえば、地方税法350条1項には「固定資産税の標準税率は、100分の1・4とする。」として、市町村が課税する固定資産税の標準税率が定められていますが、同条2項には「市町村は、当該市町村の固定資産税の一の納税義務者であってその所有する固定資産に対して課すべき当該市町村の固定資産税の課税標準の総額が当該市町村の区域内に所在する固定資産に対して課すべき当該市町村の固定資産税の課税標準の総額の3分の2を超えるものがある場合において、固定資産税の税率を定め、又はこれを変更して100分の1・7を超える税率で固定資産税を課する旨の条例を制定しようとするときは、当該市町村の議会において、当該納税義務者の意見を聴くものとする。」と規定されており、これと異なる税率を設定することが認められています。

*11　神奈川県臨時特例企業税条例（平成13年神奈川県条例第37号）に基づき道府県法定外普通税である臨時特例企業税を課されたいすゞ自動車が、条例は法人事業税の課税標準である所得の金額の計算につき欠損金の繰越控除を定めた地方税法の規定に違反し、違法、無効であると主張して、神奈川県に対し納付した税額の還付等を求めた裁判でした。

*12　最高裁平成25年3月21日第一小法廷判決・民集67巻3号438頁。

*13　昭和22年法律第67号

しない限りにおいて第2条第2項の事務に関し、条例を制定することができる。」と規定されています。「第2条第2項の事務に関し」とあります。地方自治法2条2項には「普通地方公共団体は、地域における事務及びその他の事務で法律又はこれに基づく政令により処理することとされるものを処理する。」と規定されています。

そして、この地方自治法14条1項の規定のおおもとには、判決の次の引用に出てくる憲法94条があります。そして、憲法94条の前提には憲法92条があります。

そこで、先に憲法92条、94条の条文もみておきましょう。条例は「法律の範囲内」でのみ制定できるとされていることがわかります。

第92条　地方公共団体の組織及び運営に関する事項は、地方自治の本旨に基いて、法律でこれを定める。

第93条　地方公共団体には、法律の定めるところにより、その議事機関として議会を設置する。

2　地方公共団体の長、その議会の議員及び法律の定めるその他の吏員は、その地方公共団体の住民が、直接これを選挙する。

第94条　地方公共団体は、その財産を管理し、事務を処理し、及び行政を執行する権能を有し、法律の範囲内で条例を制定することができる。

そのうえで、先ほどの判決文の続きを読んでみましょう。次の通りです。

「……普通地方公共団体は、地方自治の本旨に従い、その財産を管理し、事務を処理し、及び行政を執行する権能を有するものであり（憲法92条、94条）、その本旨に従ってこれらを行うためにはその財源を自ら調達する権能を有することが必要であることからすると、普通地方公共団体は、地方自治の不可欠の要素として、その区域内における当該普通地方公共団体の役務の提供等を受ける個人又は法人に対して国とは別途に課税権の主体となることが憲法上予定されているものと解される。しかるところ、憲法は、普通地方公共団体の課税権の具体的内容について規定しておらず、普通地方公共団体の組織及び運営に関する事項は法律でこれを定めるものとし（92条）、普通地方公共団体は法律の範囲内で条例を制定することができるものとしていること（94条）、さらに、租税の賦課については国民の税負担全体の程度や国と地方の間ないし普通地方公共団体相互間の財源の配分等の観点からの調整が必要であることに照らせば、普通地方公共団体が課することができる租税の税目、課税客体、課税標準、税率その他の事項については、憲法上、租税法律主義（84条）の原則の下で、法律において地方自治の本旨を踏まえてその準則を定めることが予定されており、これらの事項について法律において準則が定められた場合には、普通地方公共団体の課税権は、これに従ってその範囲内で行使されなければならない。

（略）普通地方公共団体は、地方税に関する条例の制定や改正に当たっては、同法の定める準則に拘束され、これに従わなければならないというべきである。したがって、法定普通税に関する条例において、地方税法の定める法定普通税についての強行規定の内容を変更することが同法に違反して許されないことはもとより、法定外普通税に関する条例において、同法の定める法定普通税についての強行規定に反する内容の定めを設けることによって当該規定の内容を実質的に変更することも、これと同様に、同法の規定の趣旨、目的に反し、その効果を阻害する内容のものとして許されないと解される。」

地方団体には、**自主財政権**（**課税自主権**）が認められています。最高裁も「普通地方公共団体は、地方自治の不可欠の要素として、その区域内における当該普通地方公共団体の役務の提供等を受ける個人又は法人に対して国とは別途に課税権の主体となることが憲法上予定されているものと解される」と述べています。これは、地方団体に課税自主権が一般的に認められることを意味していると読むことができます。

そして、こうした権限（課税自主権）の行使として、地方議会で可決され、その地方団体の住民の同意を得る民主的プロセスを経て作った税条例であっても、国が定めた法律（地方税法）の趣旨や目的に反してはならない、という制約があります。裁判所で争われた場合には、すでにその税条例をもとに徴収されていた税金だとしても、税条例が法律に反し無効であると判断されることとすらある、ということです。[*14]

このあたりが、国税と大きく異なる地方税の特色です。

なお、この税条例は、**法定外税**（正確には**法定外普通税**）という、地方税法には直接定められていない（課税することが必須とされていない）ものの、所定の手続をとることで独自に地方団体が創設できる税目として定められたものでした。[*15] この地方団体は、法定外（普通）税を創設するための手続を、すべて地方税法の規定通りに行っていました。それにもかかわらず、条例の内容が地方税法の趣旨に違反するとして無効と判断されてしまったのです。この点につ

＊14　この最高裁判決で臨時特例企業税条例が無効と判断された神奈川県は、同条例に基づき徴収していた税額を全額返還することになりました。最高裁判決が言い渡された当時の報道によれば、同県は約１７００社から約４８０億円を徴収しており、ほぼ全額を返還する方針で、その総額は利息分もふくめると、約６３５億円に上るとされています（２０１３年〔平成25年〕３月21日付け日本経済新聞）。

いて、金築誠志裁判官が、次のような補足意見を述べています。

「……国税や法定地方税が広く課税対象を押さえているため、これらの税との矛盾抵触を避けて、地方公共団体が法定外税を創設することには、大きな困難が伴うというのが実情かもしれない。しかし、憲法が地方公共団体の条例制定権を法律の範囲内とし、これを受けて地方自治法も条例は法令に違反しない限りにおいて制定できると定めている以上、地方公共団体の課税自主権の拡充を推進しようとする場合には、国政レベルで、そうした方向の立法の推進に努めるほかない場面が生じるのは、やむを得ないことというべきである。」

地方団体には課税自主権があり、法定外税も作ることができます。しかし、それは建前で、法定税（地方税が制定しているもので、地方団体が課さなければいけない必須税目）との抵触が起きることが多く、むずかしいけれど（法律を改正しなければ実際には独自課税をすることはむずかしいことになるけれど）、それはやむを得ないという指摘です。

地方税の話を、少し詳しめにしました。まとめますと、税金（国税と地方税）は、実体的なものも手続的なものもすべて法律でルールを定めなければなりません。それらすべてを総称して「税法」と呼んでいます。

税法とは何か。それは、さまざまな税金のルールということになります。そして税法という法律そのものは存在せず、具体的には国税と地方税について、それぞれ実体法と手続法がある、ということです。

■「税金とは何か」が争われた例

このように税法を定義する場合、「そもそも税金（租税）とは何か」という問題もあります。租税は、①**公益性**、②**強行性**、③**非対価性**の3要素を満たすものだといわれています。大島訴訟の最高裁判決も、次のように述べていました。*16

＊15　地方税法259条1項には「道府県は、道府県法定外普通税の新設又は変更（略）をしようとする場合においては、あらかじめ、総務大臣に協議し、その同意を得なければならない。」と規定され、同法260条には「総務大臣は、前条の規定による協議の申出を受けた場合においては、その旨を財務大臣に通知しなければならない。」（1項）、「財務大臣は、前項の通知を受けた場合において、その協議の申出に係る道府県法定外普通税の新設又は変更について異議があるときは、総務大臣に対してその旨を申し出ることができる。」（2項）と規定され、同法260条の2には「総務大臣は、第259条第1項の同意については、地方財政審議会の意見を聴かなければならない。」と規定されていました。

＊16　最高裁昭和60年3月27日大法廷判決・第2章の1の注20。

「……租税は、国家が、その課税権に基づき、特別の給付に対する反対給付としてでなく、その経費に充てるための資金を調達する目的をもつて、一定の要件に該当するすべての者に課する金銭給付である」

「健康保険料が租税ではないか」が争われた事件でも、最高裁は、次のような定義をしています。[*17]

「国又は地方公共団体が、課税権に基づき、その経費に充てるための資金を調達する目的をもって、特別の給付に対する反対給付としてでなく、一定の要件に該当するすべての者に対して課する金銭給付は、その形式のいかんにかかわらず、憲法84条に規定する租税に当たるというべきである。」

さらに、ガーンジー島にある納税者が税率を選択できる税金が、日本の税法上の「税金」（租税）といえるかが問題とされた裁判で、[*18]最高裁は、先ほどの大島訴訟が判示した租税の定義を前提に、租税にあたると判断しました。[*19]

＊17　最高裁平成18年3月1日大法廷判決・民集60巻2号587頁。

＊18　正確には、内国法人（日本の保険会社）がチャネル諸島ガーンジーに設立した子会社が、0％超30％以下の範囲で税務当局に申請し承認された税率が適用税率になるとの制度に基づいて26％の税率でガーンジーに納付した所得税が、法人税法（平成13年法律第6号による改正前のもの、平成14年法律第79号による改正前のもの及び平成21年法律第13号による改正前のもの）69条1項、法人税法施行令141条1項にいう外国法人税に該当しないかが争われたもので、原審（東京高裁平成19年10月25日判決・訟月54巻10号2419頁）はあたらないとしていた事案です。

＊19　最高裁平成21年12月3日第一小法廷判決・民集63巻10号2283頁。

TAX LAW 4

国税庁の通達とは？

もう1つ税法を学ぶために必要になってくるものに、国税庁長官が発遣している「**通達**」があります。

通達とは、あくまで**行政機関内部における上官から下級公務員に対する命令**です。その根拠は国家行政組織法[*1]にあり、「各省大臣、各委員会及び各庁の長官は、その機関の所掌事務について、命令又は示達をするため、所管の諸機関及び職員に対し、訓令又は通達を発することができる。」と定められています（同法14条2項）。

税の通達は国税庁長官の名前で出され、条文は文章化されています（国税庁HPに全文掲載されているため、「所得税基本通達」といった通達名で検索すれば、インターネットで規定をみることができます）。

しかし、**通達は法律ではありません**。なぜなら、国会で作られたものではないからです。[*2] 主権者である私たち国民の意思が反映されていない、ということです。[*3]

通達には、所得税基本通達[*4]、法人税基本通達[*5]、相続税法基本通達[*6]、財産評価基本通達[*7]、消費税法基本通達[*8]などがあります。

こうした通達の規定を根拠に課税できるとなれば、憲法84条の「租税法律主義」を骨抜きにできてしまいます。そこで、通達による課税は禁止されているのです。これが「法定」主義（**課税要件法定主義**）の1つの具体的な意味です（詳細は第4章でお話しします）。

ただ、国税局、税務署といった課税の行政を担う現場では、各税務署や国税局の職員は上官からの内部の命令である通達に縛られます。通達は、国民や裁判所を縛るものではありません。[*9]

＊1　昭和23年法律第120号。

＊2　憲法41条には「国会は、国権の最高機関であつて、国の唯一の立法機関である。」と規定されています。

＊3　憲法1条には「天皇は、日本国の象徴であり日本国民統合の象徴であつて、この地位は、主権の存する日本国民の総意に基く。」と規定され、43条には「両議院は、全国民を代表する選挙された議員でこれを組織する。」と規定されています。

＊4　直審（所）30（例規）（審）、昭和45年7月1日。

＊5　直審（法）25（例規）、昭和44年5月1日。

＊6　直資10（例規）、昭和34年1月28日。

＊7　直資56（例規）、直審（資）17、昭和39年4月25日。

＊8　課消2─25（例規）、課所6─13、課法3─17、徴管2─70、査調4─3、平成7年12月25日。

＊9　「国税庁長官の基本通達は、下級行政機関の権限の行使についての指揮であつて、国民に対し効力を有する法令ではない」とされています（最高裁昭和38年12月24日第三小法廷判決・訟月10巻2号381頁）。

しかし、彼らには彼らの内部のルールがあり、それに基づいて税務調査や追徴課税がなされるのです。そこで、「法律に基づかない課税ではないか」「通達による課税ではないか」となり、それが税務訴訟という形で裁判になることもあります。

税法の学習・研究の対象は、それぞれの税に関する法律（税法）だけではありません。こうした法律（税法）の解釈を示した行政庁の通達があり、税法の解釈の争いについて答えを示した判例（裁判例）があります。これらも対象になります。

本書では、これから税法の基本原則を説明していきます。ここには、法律の条文には何も書いていないもの、あるいは明確に書いていなくても税の基本的な考え方や原則というものがあります。こうした税法の基本原則を理解することも、税法の学習には必要です。

税法には、租税法律主義などの基本原則を中心に大きな柱があり、理論的な体系があります。そこに個別の法律・通達・判例があり、それらを総合的・整合的にみていくことが求められます。これらがすべて、税法という学問の研究対象となっているのです。

TAX LAW 5

税は性質ごとに分類できる

税金には、性質による分類もあります。たとえば、所得税・法人税という「国税」、住民税・事業税という「地方税」があります。

これらは基本的に所得（利益・儲けのこと）に対する税金という意味では同じです。税目や国税・地方税の別はありますが、いずれも所得に対する課税になっています。これを、①**所得課税**といいます（収得税と呼ばれることもあります）。

次に、相続税・贈与税は資産に対する課税であるため、「資産税」と呼ばれます（「財産税」と呼ばれることもあります）。これを、②**資産課税**といいます。

さらに、一般消費税（消費税）のほか、酒税・たばこ税・揮発油税などの消費に対して課税されるものは、広い意味での「消費税」と呼ばれます。これを、③**消費課税**といいます。

このように税金は、その性質から、①所得税、②資産税、③消費税の3つに分けることができます。そして、何に課税されているのかに着目し、それぞれ、①所得課税、②資産課税、③消費課税といいます。この3つの性質で日本の税金を分類したのが、次頁の図です。税収の内

◎国税・地方税の税目と内訳

	国税	地方税		国税	地方税
所得課税	所得税 法人税 地方法人特別税 復興特別所得税 地方法人税	住民税 事業税	消費課税	消費税 酒税 たばこ税 たばこ特別税 揮発油税 地方揮発油税 石油ガス税 自動車重量税 航空機燃料税 石油石炭税 電源開発促進税 関税 とん税 特別とん税	地方消費税 地方たばこ税 ゴルフ場利用税 自動車取得税 軽油引取税 自動車税 軽自動車税 鉱区税 狩猟税 鉱産税 入湯税
資産課税等	相続税・贈与税 登録免許税 印紙税	不動産取得税 固定資産税 事業所税 都市計画税 水利地益税 共同施設税 宅地開発税 特別土地保有税 法定外普通税 法定外目的税 国民健康保険税			

国税・地方税　合計 101 兆 3,229 億円（平成 29 年度予算）

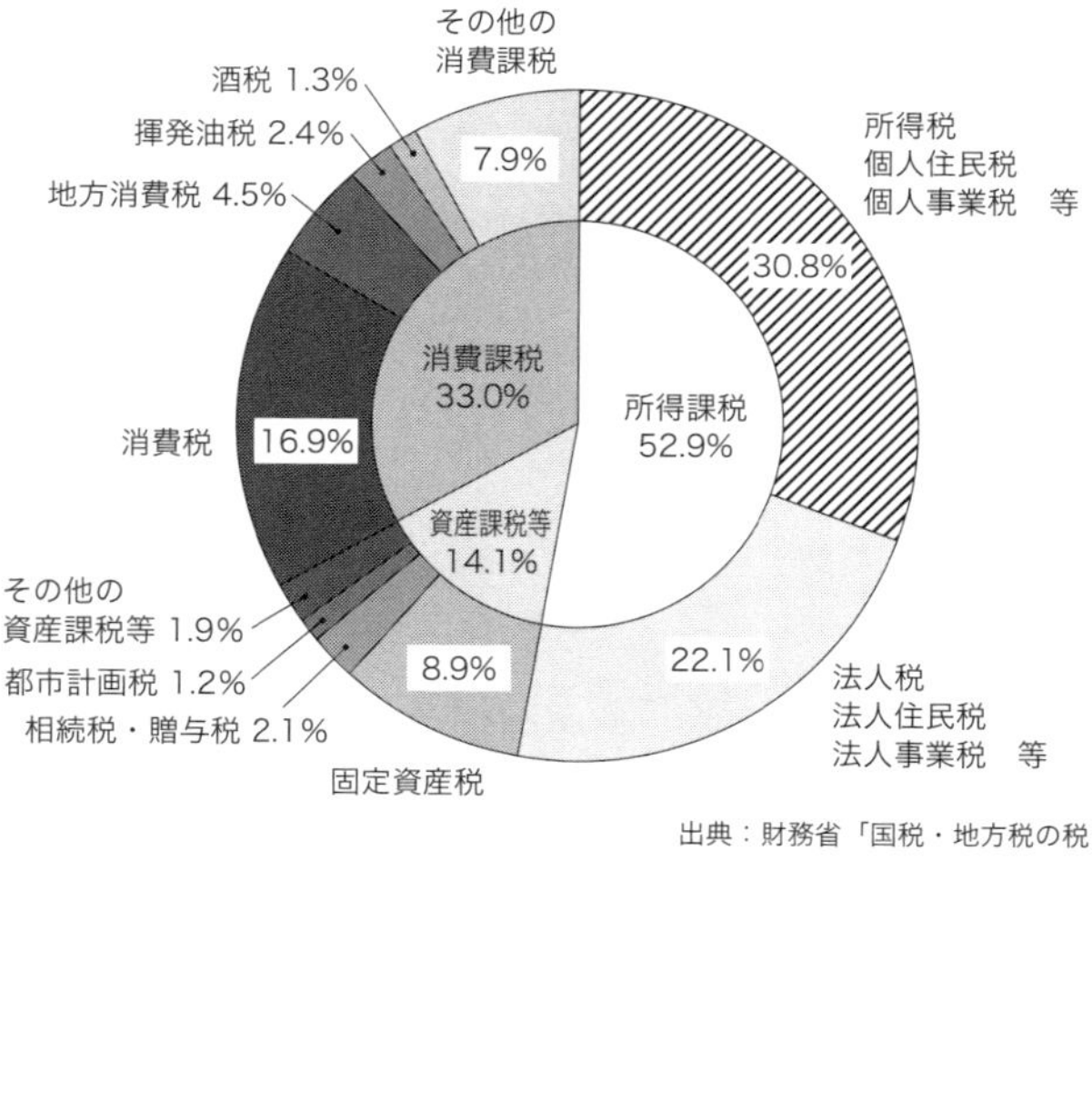

出典：財務省「国税・地方税の税目・内訳」

訳もわかりますので、ざっと眺めてみましょう。[*1]

こうした3つの分類のほかにも、細かくみた性質で、別の呼ばれ方もあります。たとえば、資産課税等にある登録免許税や不動産取得税といった税金は、土地建物の所有権を取得した(法務局での所有権移転登記を得たなど)という流通の段階で課税されるものなので、「**流通税**」と呼ばれることがあります。

最高裁も、「不動産取得税は、いわゆる流通税に属し、不動産の移転の事実自体に着目して課せられるものであつて、不動産の取得者がその不動産を使用・収益・処分することにより得られるであろう利益に着目して課せられるものではない」と述べています。[*2]

本書は税法の入門書ですので、まずは3つの大きな性質をとらえていただければ十分です。前頁の図表の通り、税金はその性質ごとに分類することができる、ということが重要です。そして、現在の日本の税制は、こうした3種類の税金をまんべんなく徴収していく仕組みを作っている、ということができます。

＊1　財務省「国税・地方税の税目・内訳」。
＊2　最高裁昭和48年11月16日第二小法廷判決・民集27巻10号1333頁。

かつては直接税（所得課税）中心の時代もありましたし、明治時代には地租が圧倒的な割合を占めていた時代、そして次いで酒税が1位だった時代もありました。

戦後の日本では、シャウプ勧告のもと、直接税（所得課税）を中心にした税体系を進めていきました。

しかし、高度成長期の終焉、そして少子高齢化による社会福祉の重要性から、間接税（消費課税）の重要性が認識され、消費税が導入されました。また、資産税（相続税・贈与税）も平成25年（2013年）改正（基礎控除額の引下げなど）にみられるように、あらたな財源として注目されています。

■タックス・ミックスとは何か？

このように、ある1つの税ではなく、複数の税を用意することで国家運営を行っていくことを「**タックス・ミックス**」ということがあります。直接税中心だと、景気がよいときは税収が高いものの、そうでないと税収が下がります。

また、現行の所得課税や資産課税は「**垂直的公平**」を図ることができ、現行の消費課税は「**水平的公平**」を図ることができるなど、それぞれに長所があります。

垂直的公平とは、**負担能力が高い者には多く負担してもらうもの**で、水平的公平とは、**負担**

◎法人税率の推移

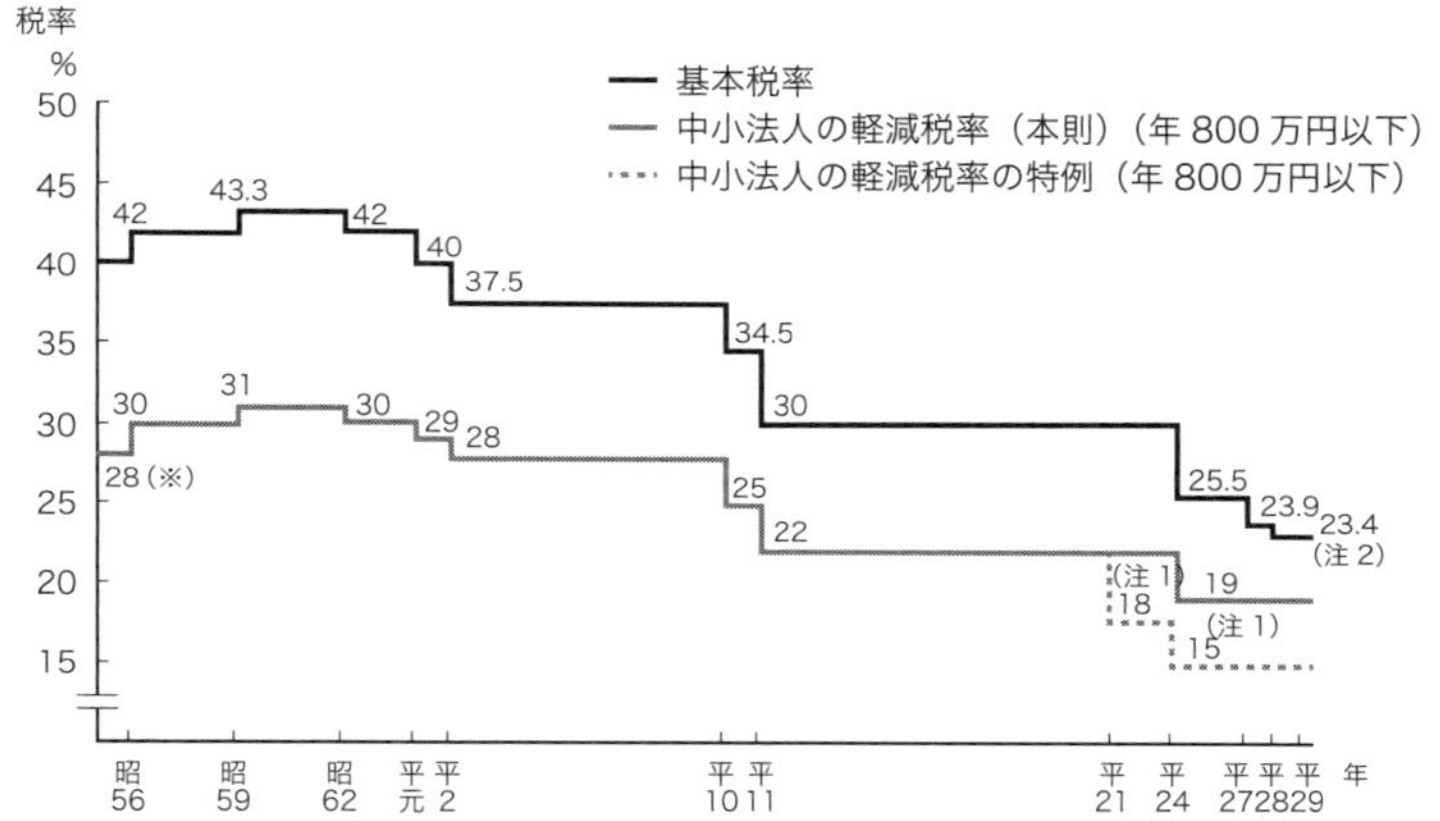

出典：財務省「法人税率の推移」

能力が同じ者に等しく負担してもらうものです。

タックス・ミックスを採用すれば、景気に影響されにくく安定した税収が得られますし、それぞれの長所を活かすことができます。このような税制を採用することで、社会保障の財源確保が可能な体制をしくことができると考えられています。

所得課税のなかでも、会社などの法人に課せられる**法人税については、国際的な観点から、諸外国の法人税率にあわせるように、近年、繰り返し減税（税率の引下げ）が行われました。**税率の推移は、上図の通りです。

法人税が減税されれば、会社が設備投資などにお金を使うようになり、雇用も促進され、消費も上向くはず、という「**トリクル・ダウ**

◎法人実効税率の国際比較

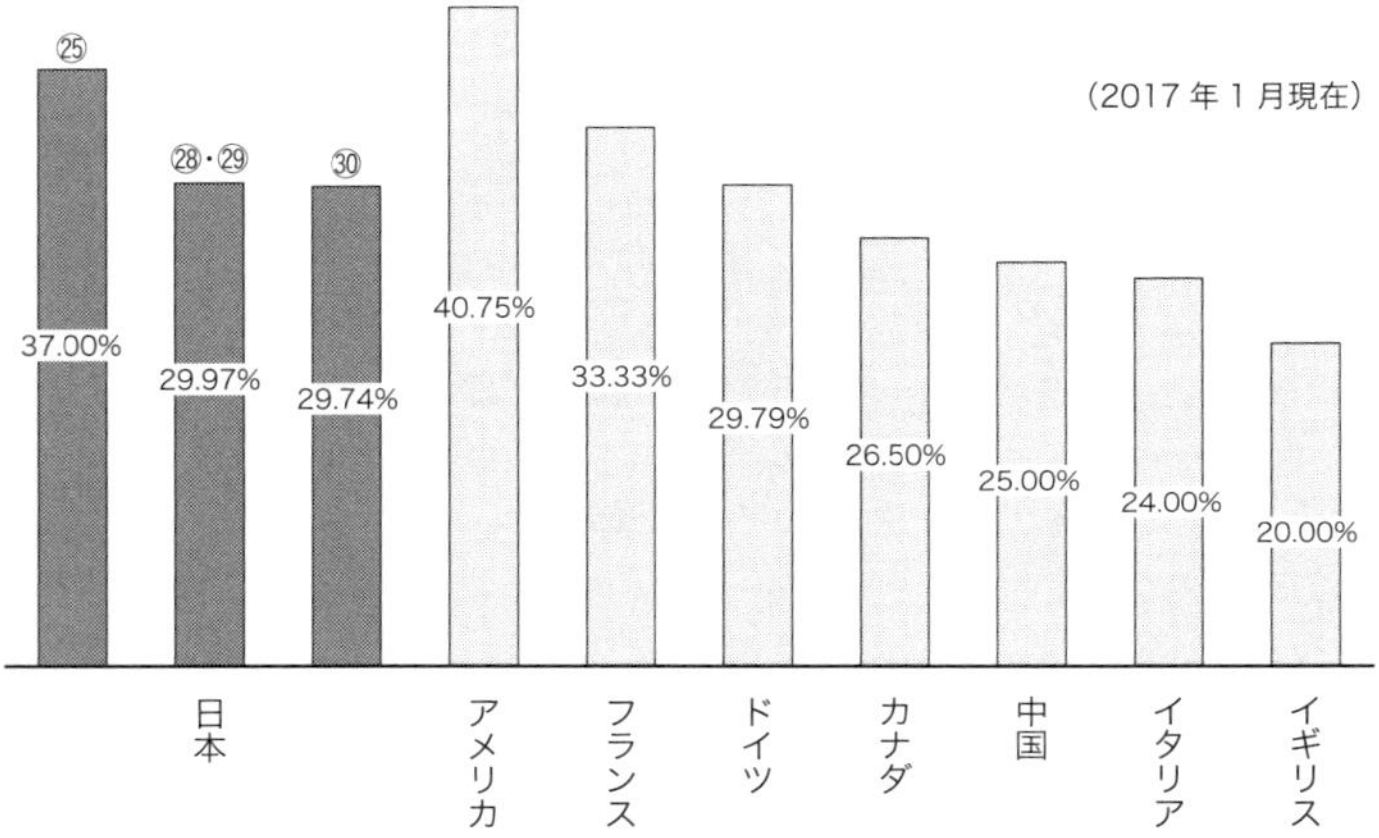

出典：財務省「法人実効税率の国際比較」

ン」という理論の実現が期待されてのことです。

法人税率の引下げが行われたのは、国際的な観点からといいましたが、法人（会社）が負担する法人税のほか、地方税である法人住民税、法人事業税もふくめた税率（**実効税率**）の国際比較が、上のグラフのように示されていました。

アメリカでも法人税率を引き下げる方向が示されていますが、国家が競って自国の法人税率（実効税率）を引下げることには、**「底辺への競争（Race to the bottom）」**と批判されることもあります。必要な税収が確保できなくなり、公共サービス等の水準の低下を招く危険があるからです。

TAX
LAW

第4章

税法の基本原則を知ろう

TAX LAW 1

租税法律主義とは？

日本国憲法84条には、「あらたに租税を課し、又は現行の租税を変更するには、法律又は法律の定める条件を必要とする。」と規定されています。

税金を課すためには法律の根拠が必要という内容でしたよね。この租税法律主義は、日本国憲法ではじめて規定されたものではなく、戦前の大日本帝国憲法（明治憲法）にも規定はありました。次の大日本帝国憲法62条1項の規定が、明治憲法でも定められていた租税法律主義の条文です。

> 第62条　新ニ租税ヲ課シ及税率ヲ変更スルハ法律ヲ以テ之ヲ定ムヘシ
> （略）
> 第63条　現行ノ租税ハ更ニ法律ヲ以テ之ヲ改メサル限ハ旧ニ依リ之ヲ徴収ス

大日本帝国憲法63条の規定は、同憲法が施行される前にあった租税（税金）の効力を定めたものです。第1章でも少し触れましたが、大日本帝国憲法が施行されたのは１８９０年（明治23年）です。この租税法律主義（大日本帝国憲法62条1項）が効力をもった時点で、従前から存在していた租税（税金）はありました。そこで、そうしたものについては「法律」で作られていないとしても、効力をもちますよ（ただし、この憲法が施行されてからは「法律」で定める必要がありますよ）、ということを規定したのです。*1

■租税法律主義の意義とは？

第1章で説明したように、租税法律主義の内容は、世界史では１２１５年のマグナ・カルタに淵源があると考えられていますし、アメリカ独立戦争の「代表なくして課税なし」というスローガンにも、その内容がみて取れます。

*1　国会が開設されたのは、大日本帝国憲法が作られてからです。これは、１８８１年（明治14年）10月12日に明治天皇が出した詔勅（しょうちょく）である「**国会開設の詔**（みことのり）」が、１８９０年（明治23年）に国会を開設することや、欽定憲法（大日本帝国憲法）を定めることなどを表明したものに基づくものでした。１８９０年（明治23年）6月10日に、第1回貴族院選挙が実施され、同年7月1日には第1回衆議院議員総選挙が実施され、同年11月25日に第1回帝国議会（国会）が召集されます。大日本帝国憲法が施行された１８９０年（明治23年）11月29日に、第1回帝国議会の開院式が開催されています。

では、こうした租税法律主義には、どのような意味があるのでしょうか。「**税金を課す場合には、法律によるべきである**」との意味ですが、法律は国会で作られます。[*2] 国会のメンバー（構成員）は、国会議員です。[*3] 国会議員は、主権者である国民が選挙で選んだ代表者で、[*4] その国会議員が国会で議論して税金のルールを決めます。これは、民主主義を実現することを意味します。

「自分たちのことは、自分たちが決める」ということです。民主主義とは「**治者《ちしゃ》と被治者《ひちしゃ》の自同性《じどうせい》**」である、といわれます。自分たちのこと（国のこと）は、自分たち（主権者である国民）が決める。租税法律主義のこのような側面を、「**民主主義的な意義**」といいます。

租税法律主義には、もう1つの意義があります。それは、**法律に定められていない限りは税金を取られない**、ということです。税金が取られない自由を保障するという意味も、租税法律主義にはあるのです。このような租税法律主義の側面を、「**自由主義的な意義**」といいます。

■租税法律主義には2つの機能がある

租税法律主義が採用されることで、具体的には2つの機能が働くことになります。

1つは、「**どのような場合に、いくらの税金が課せられるのか**」が法律で定められることになるため、納税者にとって「**予測可能性**」が保障されることです。つまり、納税者は「どのような場合に、いくらの税金が取られるか」を、事前に知ることができます。法律（税法）を読めば予測ができることになりますので、納税者はあらかじめ税金がいくらかかるかをわかったうえで、「どんな取引をするか」「どんな契約をするか」「どんな行為をするか」を決めることができます。これが「予測可能性」という、租税法律主義の1つの重要な機能です。

もう1つは、課税は法律のルールで決められるため、**実際に課税権を行使する行政庁の自由な裁量に歯止めをかけることができること**です。文章化された法律（税法）のルールによらな

＊2　法律の制定権（立法権）は、国会が独占しています（国会中心立法の原則、国会単独立法の原則（憲法41条））。

＊3　憲法42条に「国会は、衆議院及び参議院の両議院でこれを構成する。」と規定され、43条1項に「両議院は、全国民を代表する選挙された議員でこれを組織する。」と規定されています。

＊4　憲法の前文には「日本国民は、正当に選挙された国会における代表者を通じて行動し、われらとわれらの子孫のために、諸国民との協和による成果と、わが国全土にわたつて自由のもたらす恵沢を確保し、政府の行為によつて再び戦争の惨禍が起ることのないやうにすることを決意し、ここに主権が国民に存することを宣言し、この憲法を確定する。そもそも国政は、国民の厳粛な信託によるものであつて、その権威は国民に由来し、その権力は国民の代表者がこれを行使し、その福利は国民がこれを享受する。」と規定され、1条にも「天皇は、日本国の象徴であり日本国民統合の象徴であつて、この地位は、主権の存する日本国民の総意に基く。」と規定されています。

ければ課税ができない。そのような縛りがあるなかでのみ、行政庁は納税者に課税をすることができる、ということです。場当たり的な課税ができなくなり、「法的な安定性」が保たれることになります。「**法的安定性**」が、租税法律主義のもう1つの機能です。

■法律の解釈によって見解は分かれる

法律で規定するというと、それだけで答えは1つになるはずだと、読者のみなさんは思われるかもしれません。

しかし、実際には、武富士事件（序章参照）やストック・オプション訴訟（第2章参照）でみたように、裁判所では答えが分かれることがあります。[*5] **同じ法律の規定を適用するのに、その解釈について裁判官によって見解が分かれることがある**からです。

法律の規定は、解釈に（一定程度の）幅があります。そこで法を適用して課税をする行政庁、つまり課税庁である国税当局が、場当たり的に条文の文言を広げたり、狭めたりして自由に税金を取れるようなことをやってしまうと、「法的安定性」が害されてしまいます。租税法律主義の機能として保障されていたはずの「法的安定性」は、規定された法律（税法）の解釈の仕方によっては害される危険性がある、ということです。

当然ながら、法律である以上、税法以外の民法・商法・会社法など他の法律でも、この「予測可能性」と「法的安定性」は重要です。

しかし、税法では、それ以上に強い高度な要請が働くと考えられています。その理由は、税法の場合は憲法が定める租税法律主義の原則があるからです。そして、租税法律主義があるために、他の法律以上に、納税者に対する予測可能性と法的安定性に対する要請は高度になります。その結果、第5章でお話する「文理解釈」といって、条文の文言をその文字通り読むことが大原則になります。

＊5　第3章で挙げた事件でも、判断が分かれていたものがあります。臨時特例企業税条例事件も、第1審および上告審（納税者勝訴）と、控訴審（課税庁勝訴）の判断が分かれていました（最高裁平成25年3月21日第一小法廷判決・民集67巻3号438頁、東京高裁平成22年2月25日判決・判タ1335号101頁、横浜地裁平成20年3月19日判決・判時2020号29頁）。ガーンジー島事件も、第1審および上告審（納税者勝訴）と、控訴審（課税庁勝訴）の判断が分かれていました（最高裁平成21年12月3日第一小法廷判決・民集63巻10号2283頁、東京高裁平成19年10月25日判決・訟月54巻10号2419頁、東京地裁平成18年9月5日判決・訟月54巻10号2463頁）。このように税務訴訟で裁判所の判断が分かれた例は多いのですが、特にそうした事例を取り上げてまとめたものに、木山泰嗣『税務判例が読めるようになる』（大蔵財務協会、2015年）があります。

TAX LAW 2

課税要件法定主義とは？

租税法律主義には、次の5つの原則があると考えられています。

1つ目は「**課税要件法定主義**」、2つ目は「**課税要件明確主義**」、3つ目は「**合法性の原則**」、4つ目は「**手続的保障原則**」、5つ目は「**遡及《そきゅう》立法禁止の原則**」というものです。

まず、「課税要件法定主義」について説明します。

課税要件法定主義とは、「**課税要件は法律で定めなければならない**」という原則です。「**法定主義**」ともいわれます。第3章でも、少しお話をしましたね。課税要件とは、国民の納税義務が成立するための要件です。「どのような場合に、どのような税率で、どのような税金が課されるのか」。こうしたことを法律のルールで定めなければなりません。

「課税要件」といいましたが、手続についても法律で定めなければならない、と考えられています。税務調査の手続を法定化した国税通則法の平成23年改正（第2章参照）は、課税要件法定主義からすれば、手続も法定すべきなのですから、この原則がようやく実現したということができます。

■通達による課税は禁止されている

課税要件法定主義をめぐって問題になるのは、通達での課税です。法律は、あくまで国会で定められるものです。これに対して通達は、国税庁長官が、内部の国税職員に対して発している命令で、法律にはあたりません[*1]。したがって、「**通達課税の禁止**」といって、通達を根拠に課税することは禁止されます。

他方で、内閣が作る政令や、財務大臣などの国務大臣が作る省令があります。たとえば、所得税でいうと、所得税法という国会が作った法律のほかに、所得税法施行令[*2]という政令があり、所得税法施行規則[*3]という財務省令があります。

政令や省令は、法律ではありません。法律は国会で作られる法規範のことであるのに対し、政令や省令は国会ではなく、内閣や国務大臣といった行政機関が作る法規範だからです。

＊1　国家行政組織法14条2項参照。
＊2　昭和40年政令第96号。
＊3　昭和40年大蔵省令第11号。

こうした「**法律**」ではない行政機関が作る「**命令**」でも課税要件を定めることができる場合があります。租税法律主義を定めた憲法84条は、「法律」だけでなく、「**法律の定める条件**」によることも認めているからです。そして、法律が細かな点を政令などで定めることを委任している場合、その法律の委任の範囲内で定められている限りにおいて、行政機関が作る政令や省令などの命令でも、「法律の定める条件」と読むことで、租税法律主義には違反しないと考えられるからです。

■「委任」の意味とは?

委任とは、たとえば、「政令で定める金額」のように、法律の規定が「**政令**」などに金額の計算方法を委ねているような場合です。具体的には、法人税法34条2項があります。次の条文をみてください。

> 2　内国法人がその役員に対して支給する給与（前項又は次項の規定の適用があるものを除く。）の額のうち不相当に高額な部分の金額として政令で定める金額は、その内国法人の各事業年度の所得の金額の計算上、損金の額に算入しない。

会社（法人）が役員に支払う報酬（役員給与）が不相当に高額な金額の場合は、法人税の所得金額を計算する際に「損金」として引くことができません。[*4]法人税法[*5]34条2項はこういう規定です。本来、会計では、役員給与は会社の利益を計算する際には引かれるべき「費用」にあたります。しかし、身内の役員に高額な報酬を払うなどして法人税を免れる行為が行われる可能性があります。

そこで、法人税法では、不相当に高額な金額であると認定された場合は、法人所得を計算する場合に「損金」に算入できない、とされているのです。これを「**過大役員給与**」といいます。特に家族経営をしている会社（同族会社）では、税務調査でこの指摘を受けることがあります。[*6]

＊4　法人税の課税の対象になる「法人の所得」は、その事業年度の「益金」から「損金」を引くことで計算します（法人税法21条、22条1項）。この「益金」と「損金」は、原則として会計（企業会計）が利益を計算する際に用いられる「収益」と「費用」に対応しているのですが（法人税法22条4項）、法人税には公平な税額を計算するという目的があるため、会計通りではない場合の規定が法人税法には定められています。その1つが、この役員給与の規定になります。

＊5　昭和40年法律第34号。

＊6　泡盛を製造する沖縄の酒造会社が、4年間に役員4人に支払った報酬や退職金（合計約19億4000万円）が、過大な役員給与であるとして更正された事案があります。第1審で退職給与については、更正処分の一部が違法（創業者への退職金約6億7000万円部分は過大ではないと判断されました）とされたものの、それ以外の役員給与については適法と判断されました（東京高裁平成29年2月23日・公刊物未登載、東京地裁平成28年4月22日判決・公刊物未登載）。なお、金額は報道（2016〔平成28年〕年4月23日付け「沖縄タイムスプラスニュース」）によります。

法人税法34条2項をみると、「不相当に高額な部分の金額として政令で定める金額」という文言がありますよね。これは、まさに法人税法という「法律」が、法人税法施行令という「政令」に、損金に算入できなくなる役員給与の基準となる金額の定め方を委任している場合です。

この「不相当に高額な」金額がいくらとされるかで、法人の所得は変動し、法人税額も変わることになります。課税要件の一部を、政令（命令）が定めていることになります。そして、委任を受けた法人税法施行令は70条[*7]で、類似法人（似たような規模の会社）の役員給与の額などを基準に計算すべきことを定めています。

（過大な役員給与の額）
第70条　法第34条第2項（役員給与の損金不算入）に規定する政令で定める金額は、次に掲げる金額の合計額とする。
一　次に掲げる金額のうちいずれか多い金額
（略）

このように、法律が命令に委任する立法の形式を「**委任立法**」といいます。そして、こうした委任立法で課税要件が定められている場合、その委任の範囲内で規定されているといえるかが重要なポイントになります。委任の範囲内であるといえる場合には「法律の定める条件」によるものと読むことで、憲法84条違反ではないと考えることになります。

委任立法については、次のように裁判所も考えています。[*8]

「……法律により、政令などの下位の法令に課税要件等の定めを委任することは可能ではあるものの、その委任の方法は、当該法律において委任の内容を個別的・具体的に限定するなどして、租税法律主義（憲法84条）の本質を損なわないものでなければならず、委任の内容を何ら限定することなく、包括的・一般的に委任することは、憲法84条に反するものとして許されないというべきである。」

以上が、課税要件法定主義です。①そもそも法律ではない「通達」による課税ではないか、あるいは、②課税要件が「政令」や「省令」などに規定されていて、それが法律の委任の範囲内であるといえるのか、などが問題になります。

＊7　昭和40年政令第97号。

＊8　東京地裁平成27年5月28日判決・裁判所ＨＰ。

TAX LAW 3

課税要件明確主義とは？

次に「**課税要件明確主義**」について説明します。

読者のみなさんは、本書をここまで読み進めて、「法律で課税要件を定めさえすればよいのが、租税法律主義だ」と思われていたかもしれません。しかし内容が不明確であれば、法律で定めた意味がなくなってしまいます。

そこで、**課税要件という納税義務の成立要件は、法律で定めるだけではなく、内容が明確でなければならない**。つまり、明確に読み取れるように定めなければならないと考えられています。租税法律主義は「法定」だけでなく、「明確性」も求めているのです（**明確主義**）。

ここで問題になるのは、先ほど出てきた「不相当に高額な」（法人税法34条2項）や、「法人税の額を不当に減少させる」（法人税法132条の2）といった文言など、条文の文言をみると必ずしも内容が明確ではないものです。

こうした「不相当」であるとか「不当」といった、抽象的でそれだけではその意味がはっきりしない概念を「**不確定概念**」といいます。

「『不相当に高額』とはいくらをいうのだろう」「『不当』とはどのような場合を指すのだろう」——。不確定概念は、課税要件明確主義に違反するのではないか。そう思いませんか。

しかし、法律の規定は、一般的・抽象的にならざるを得ない面があります。裁判所は、次のように、課税要件明確主義に違反するものではないといっています。[*1]

「……一般に、法令において課税要件を定める場合には、その定めはなるべく一義的で明確でなければならず、このことが租税法律主義の一内容であるとされているところ、これは、私人の行う経済取引等に対して法的安定性と予測可能性を与えることを目的とするものと解される。もっとも、税法の分野においても、法の執行に際して具体的事情を考慮し、税負担の公平を図るため、何らかの不確定概念の下に課税要件該当性を判断する必要がある場合は否定できず（法１３２条がその典型例であるということができる。）、このような場合であっても、具体的な事実関係における課税要件該当性の判断につき納税者の予測可能性を害するものでなければ

＊1　東京地裁平成26年3月18日判決・判時２２３６号25頁。法人税法34条2項の規定についても、「憲法84条の規定に違反するものということはできない。」と裁判所は述べています（東京地裁平成28年4月22日判決・前掲注6）。

ば、租税法律主義に反するとまではいえないと解されるところである。」

しかし、あまりに不明瞭なものがあれば、それは違憲になる可能性があります。

課税要件明確主義は、法律の文言を規定するときだけに求められるものではありません。規定された法律の解釈をする際にも、その縛りがかかってきます。できる限り文言の意味が明確に判断できる範囲内で解釈しなければならないからです。それを超えるような解釈をした場合に、その解釈は課税要件明確主義に反するとした裁判例もあります。

たとえば、「貸付金……の利子」という所得税法（当時161条6号）[*2]の文言を拡大して課税した国の主張を排斥した東京高裁の判決は、「専ら経済的な効果に着目して『貸付金』の解釈の範囲を広げ、『これに準ずるものを含む。』との規定と相まってその外延を不明確にする結果をもたらすことは、租税法律主義の内容である租税要件明確主義に沿った解釈ということはできず、租税要件明確主義に反した解釈とならないためには、外延を不明確にすることのない解釈を行うべきであ」ると述べています。[*3]

課税要件明確主義と、最初に説明をした課税要件法定主義については、第2章の大島訴訟の最高裁判決[*4]でも述べられていました。改めて大島訴訟の最高裁の判決文を読んでみてください。

＊2　非居住者や外国法人に「貸付金（これに準ずるものを含む。）……の利子」の支払をする者は、その支払の際に所定の税額を徴収したうえで、翌月10日までに国に納付しなければならないという規定です。内容は変わっていませんが、平成26年（２０１４年）度改正で（平成26年法律第10号）、条文番号が１６１条1項10号に変わりました。

＊3　東京高裁平成20年３月12日判決・裁判所ＨＰ。

＊4　最高裁昭和60年３月27日大法廷判決・第２章の１注20。

TAX LAW 4

合法性の原則とは？

「合法性の原則」とは、**「課税は法律に適合して行わなければならない」**というものです。当たり前のことだと思われるかもしれませんが、これは執行上の問題として、具体的には、次のような意味をもちます。

たとえば、ある税法の規定では、「このような取引をした場合には100の税金がかかる」となっていたとします。そのときに、税務署に相談に来たAさんという人がいて、「このような場合にはどのような税金がかかるのでしょうか」と、税務署の職員に質問したとします。そこで、職員が法律の規定の解釈を誤って、本当は法律上100課税されるはずなのに、「これは80ですよ」と誤った指導をしたとします。これを**「誤指導」**といいますが、その職員の誤った指導を信頼してAさんは、80で申告をして納税をしました。

このような場合、後から税務調査を受けて「これは100です。80ではありません。20足りないので追加で納めてください」といわれたとします。このとき、Aさんからすれば、「いや待ってください。税務署から80だといわれたので、その通りに80で申告をして税金を納めただけですよ。後からいうことを変えないでください」となると思います。

■民法における「信義則」とは？

このような場合、私人間であれば、「**信義則**《しんぎそく》」と呼ばれる、民法1条2項の規定の適用が問題になります。民法1条2項には、「権利の行使及び義務の履行は、信義に従い誠実に行わなければならない。」と定められています。この条文に規定されている「**信義誠実の原則**」を省略して、信義則といいます。

たとえば、AさんとBさんとの間で、契約書の調印はまだしていないものの、実際には契約が締結されることを前提に話が進んでいて、Aさんはこの契約が締結されることを前提に準備をして、さまざまな出費をしていたとします。ところが、Bさんが急にその信頼を反故《ほご》にして、「やはり契約は締結できなくなりました。別の業者と締結することになりました」といったとしましょう。

契約が成立した後に、一方の当事者に落ち度があって債務の履行できないとなれば、「債務不履行」の問題が生じます。[*1]しかし、この場合は契約がまだ締結されていないので、覚書などの合意をしていない限り、両者を縛るものはないといわざるを得ません。

そのようなときに、「信義則」（民法1条2項）が登場します。当事者間で形成された信頼を反故にするようなことはしてはならないという、規定です。「**禁反言《きんはんげん》の原則**」とも呼ばれる「信義則」は、前の言動と異なるような言動をして相手の信頼を打ち破るようなことはしてはいけないという意味です。

今のようなAさんとBさん2人だけの契約の問題であれば、信義則をそこに適用し、契約締結の前でも、そこで形成されていた信頼を保護し、BさんにAさんに対する損害賠償責任を認めるということがあり得ます。

■税法では、平等性・公平性が強く要請される

先ほどの税務署にきたAさんは、「80です」といわれて80で申告納税したわけですが、本来は100で課税されるのが正しい法の適用です。実際に100で税金を納めている納税者は多数いることでしょう。「税務署の職員が80でいいよと誤って指導したから」という理由で、「じゃあ80でいいです」とできるかというと、やはりできないのです。

これが「合法性の原則」です。つまり、課税とは法律に適合する形で行わなければならない、

ということです。100と決まっているのであれば、どの納税者も100で申告しなければならないのです。こう考えることで、納税者間の公平を図ることができます。一般の取引であれば、力関係で金額が変わるとか、値引きをするといったことがあると思います。しかし、税金については、「じゃあ80でいいですよ」ということはできません。

法律は、その内容で「**公法**」と「**私法**」に分けることもできます。税法は「公法」に分類されます。民法、商法、会社法などのように、一般の私人間同士の法律関係を規律するものを「私法」といいます。これに対して、「国家と国民」、あるいは「地方公共団体と住民」というような国家権力が一方の当事者で出てくる法律関係を規律するものを「公法」といいます。公法は、憲法を頂点に「行政法」といわれる法分野の法律がこれにあたります。[*2] 税法も広い意味では「行政法」の1つです。

公法上の法律関係では、やはり**平等性・公平性というものが強く要請されます。**私人同士で

＊1　民法415条には「債務者がその債務の本旨に従った履行をしないときは、債権者は、これによって生じた損害の賠償を請求することができる。債務者の責めに帰すべき事由によって履行をすることができなくなったときも、同様とする。」と規定されています（平成29年改正前の現行法）。

＊2　行政法には、**行政手続法**（平成5年法律第88号）、**行政不服審査法**（平成26年法律第68号）、**行政事件訴訟法**（昭和37年法律第139号）、**国家賠償法**（昭和22年法律第125号）などがあります。

あれば、他の国民（納税者）との公平を考える必要はありませんが、公法関係になると、常に国家と国民（納税者）との間で、他の納税者と異なる扱い（特例）をしては不平等（不公平）になる危険が起きるからです。

裁判で、「その課税は信義則違反ではないか」と主張されることがあります。しかし最高裁は、税法に信義則を適用することに、極めて消極的な姿勢を示しています。

まず、最高裁は「公的見解の表示がなければ、信頼の保護に値しない」といっています。また、「納税者に経済的な不利益が生じたことも必要である」といっています。「本来納付すべき税額は、信義則の適用要件としての『経済的な不利益』にはあたらない」と考えられています。

信義則の適用要件を示した最高裁判決をみておきましょう。[*3]

「……租税法規に適合する課税処分について、法の一般原理である信義則の法理の適用により、右課税処分を違法なものとして取り消すことができる場合があるとしても、法律による行政の原理なかんずく租税法律主義の原則が貫かれるべき租税法律関係においては、右法理の適用については慎重でなければならず、租税法規の適用における納税者間の平等、公平という要請を犠牲にしてもなお当該課税処分に係る課税を免れしめて納税者の信頼を保護しなければ正義に反するといえるような特別の事情が存する場合に、初めて右法理の適用の是非を考えるべきものである。そして、右特別の事情が存するかどうかの判断に当たつては、少なくとも、税務官庁が納税者に対し信頼の対象となる公的見解を表示したことにより、納税者がその表示を信頼しその信頼に基づいて行動したところ、のちに右表示に反する課税処分が行われ、そのために納税者が経済的不利益を受けることになつたものであるかどうか、また、納税者が税務官庁の右表示を信頼しその信頼に基づいて行動したことについて納税者の責めに帰すべき事由がないかどうかという点の考慮は不可欠のものであるといわなければならない。」

■誤指導のケースでは、信義則違反は認められない

先ほどの例では、まず税務署職員が誤った指導をしたのは、その職員個人の見解です。これを公的見解ということはできません。

税務署長や国税庁など、権限のある者が一般に表明した見解であれば公的見解にあたる可能性が出てきます。しかし、税務署職員が誤った指導をした場合に、これを公的見解にあたるということはむずかしいのです。

＊3　最高裁昭和62年10月30日第三小法廷判決・集民152号93頁。

また、先ほどの例でいくと、本来納付すべき税額は法律上、１００です。「私は80で払ったので、その差額である20は経済的不利益にあたるか」というと、それは本来納付すべき税額の一部に過ぎないので、これもあたりません。先ほどの誤指導のような例では、信義則違反は認められないことになります。

過少申告で「追徴課税」される場合には、本税とは別にペナルティーとして、原則として本税の10％に相当する額の「過少申告加算税」が課されます（国税通則法65条1項）。

加算税は、**過少な申告などをした納税者に対するペナルティー**としての税金です。税務署職員の誤指導があったときまで、ペナルティーを課すのはいかがでしょうか。それはおかしいですよね。

そこで、一定の要件を満たす必要はありますが、「正当な理由」（国税通則法65条4項）が認められれば、課されないことになっています。「正当な理由」は、第2章のストック・オプション訴訟のなかでも少し触れましたが、次のように考えられています。[*4]

「……『正当な理由があると認められる』場合とは、真に納税者の責めに帰することのできない客観的な事情があり、（略）過少申告加算税の趣旨に照らしても、なお、納税者に過少申告加算税を賦課することが不当又は酷になる場合をいう。」

国税庁長官の事務運営指針（これも行政機関の内部命令なので通達のようなものです）でも、税務署職員の誤指導によって追徴課税が生じた場合に、一定の要件を満たせば、過少申告加算税を賦課すべきでない「正当な理由」（国税通則法65条4項）があると規定されています。[*5]

こうして、誤指導があった場合、ペナルティーとしての加算税については「正当な理由」が認められて、救済される可能性があります。

しかし、本税については、信義則違反が認められることは極めてむずかしいです。租税法律主義の具体的な表われの1つとしての「合法性の原則」があるからです。

なお、誤指導をした職員個人への責任追及はできません。公務員の過失について代位責任を負う国への責任追及（国家賠償請求）も、本税については裁判所も認めない傾向にあります。[*6]

＊4　最高裁平成18年4月25日第三小法廷判決・民集60巻4号1728頁。

＊5　国税庁長官「申告所得税の過少申告加算税及び無申告加算税の取扱いについて（事務運営指針）」には、「確定申告の納税相談等において、納税者から十分な資料の提出等があったにもかかわらず、税務職員等が納税者に対して誤った指導を行い、納税者がその指導に従ったことにより過少申告となった場合で、かつ、納税者がその指導を信じたことについてやむを得ないと認められる事情があること」が「正当な理由」（国税通則法65条4項）が認められる場合として挙げられています（第1．1（4））。

＊6　木山泰嗣「税務相談における法的問題」青山ローフォーラム5巻2号（2017年）159頁参照。

TAX LAW 5

手続的保障原則とは？

租税法律主義のもう1つの表われとして、「**手続的保障原則**」があります。これは、**課税や徴収の手続は、法律で定めるだけでなく、その内容も公正・適正なものでなければならない**というものです。手続も重要である、ということです。

TAX LAW 6

遡及立法禁止の原則とは？

「**遡及立法禁止の原則**」とは、**法律をあらたに作って課税したり、納税者に不利益な税法の改正をしたりする場合、その立法以前の行為に適用してはならない**という原則です。

たとえば、「現行の税率を引き上げる」「納税者が利用すれば税金が減額または免除される制度を廃止する」といったことは、不利益な改正にあたります。

さかのぼって改正法を適用するとなれば、租税法律主義の意味がなくなってしまいます。納税者が取引をした時点では存在していなかった法律で課税してもよいとなれば、納税者に対する予測可能性が没却されてしまいます。

こうして、遡及立法は許されないことになります。遡及立法禁止の原則は、「**租税法規不遡及の原則**」と呼ばれることもあります。しかし、明文の規定はありません。

遡及立法禁止の原則は、一般に租税法律主義の一内容だと考えられていますが、最高裁がこれについて明確に言及したことはありません。憲法84条の規定をみても、「あらたに租税を課し、又は現行の租税を変更するには、法律又は法律の定める条件によることを必要とする。」と書いてあるだけで、「さかのぼってはいけない」とは書いていません。

刑罰の場合は、憲法39条前段に遡及立法禁止の原則（刑罰法規不遡及の原則。事後法の禁止）の明文規定があります。「何人も、実行の時に適法であつた行為又は既に無罪とされた行為については、刑事上の責任を問はれない。」という規定です。

刑罰の場合は、国家による人権侵害の最たる場面です。そこで、憲法も刑事手続については厚く規定を置いています。これに対して税法の場合には、こうした遡及立法禁止の原則（租税法規不遡及の原則）についての明文規定はないのです。

しかし、租税法律主義の内容には、遡及立法禁止の原則（租税法規不遡及の原則）もふくまれていると考えられています。この点について、次のように述べられた判決があります。[*1]

「……租税法規不遡及の原則について、憲法上明文の規定はないものの、憲法84条が規定している租税法律主義は、国民に不利益を及ぼす租税法規の遡及適用を禁じていると解すべきである。なぜならば、租税法律主義は、国民の経済生活に法的安定性、予見可能性を保障することをその重要な機能とするものであるところ、国民に不利益を及ぼす遡及立法が許されるとするとこの機能が害されるからである。」

■遡及立法が争われた事件

「**遡及立法事件**」と呼ばれる裁判がありました。

税法の場合は税制改正が毎年行われます。改正された税法が施行されるのは、通常は4月1日です。税制改正は、年末までに「税制改正大綱《たいこう》」が公表され、年明けに国会に法案が提出されます。審議がなされ、3月末までに両議院の可決で法律が成立します。そして、大きな改正を除いた部分は原則として、その年の4月1日から施行されるのが通常です。

この事件では、「**損益通算**」をできなくする改正がされました。損益通算とは、複数の所得がある場合、たとえば（会社で働いていて）給与所得があり、それとは別に（その年に不動産を売却して）譲渡所得もあるという場合、両方の所得をあわせて計算する際の方法です。

譲渡所得の場合、所得金額がマイナスになることがあります。たとえば、1億円で買った土地を3000万円で売った場合は、7000万円のロス（キャピタル・ロス）が生じ、譲渡損失（マイナス）になります。

＊1　福岡地裁平成20年1月29日判決・判タ1262号172頁。

この場合に、**プラスになっている給与所得の金額から、この譲渡所得のマイナス（損失）を相殺して引くことができる**のが、損益通算です。「**総合課税**」といって、1人の納税者が得た所得についてはそれを総合（合算）して1つの所得とみる考え方からすれば、損益通算が行われるのは自然のようにも思えます。

しかし、働いて得られる給与所得に、たとえば余剰資産の運用で得られる所得である雑所得のマイナスを通算（相殺）できてしまうと、商品先物取引などをして赤字を出せば、給与所得があっても所得税を納税しなくてよいことになりかねません。[*2]

そこで所得税法は、損益通算ができる場合を、不動産所得、事業所得、山林所得、譲渡所得の4種類に限定しています。[*3]

こうした損益通算は、租税特別措置法でさらに制限がされています。平成16年（2004年）度税制改正では、土地・建物の長期譲渡所得[*4]について、損益通算をできなくする租税特別措置法の改正がなされました。[*5]

ところが、2004年（平成16年）4月1日から施行されるにもかかわらず、改正法が実際に適用されるのは、3か月さかのぼったその年の1月1日以降の取引とされました。[*6] 3か月分だけですが、施行される前の取引にさかのぼって課税されることになります。

そこで、この法改正は「遡及立法禁止の原則に違反しないか」、つまり「違憲ではないか」

という争いが起きたのです。

複数の事件があり、福岡地裁では、「これは遡及立法で違憲（憲法違反）である」という判決も出ました。次のような判決でした。[*7]

「……損益通算を廃止するかどうかという問題は、その性質上、その暦年途中に生じ、あるいは決定せざるを得ない事由に係っているものではないこと、本件改正は生活の基本である住宅の取得に関わるものであり、これにより不利益を被る国民の経済的損失は多額に上る場合も少

＊2　会社の役員が、個人で行っていた商品先物取引の赤字（損失）を、これが事業所得にあたることを前提に、役員報酬についての給与所得と損益通算をしたことが否認した更正処分が適法と判断された事例があります（名古屋地裁昭和60年4月26日判決・行集36巻4号589頁）。事業所得にあたらず、雑所得なので、所得税法の規定通り損益通算はできないという結論でした。

＊3　所得税法69条1項には「総所得金額、退職所得金額又は山林所得金額を計算する場合において、不動産所得の金額、事業所得の金額、山林所得の金額又は譲渡所得の金額の計算上生じた損失の金額があるときは、政令で定める順序により、これを他の各種所得の金額から控除する。」と規定されています。

＊4　取得してから5年を超えてから行われた資産の譲渡による所得を「**長期譲渡所得**」といいます（所得税法33条3項2号）。

＊5　平成16年法律第14号による租税特別措置法31条の改正。

＊6　附則27条1項。

＊7　福岡地裁平成20年1月29日判決・前掲注1。

なくないこと、平成15年12月31日時点において、国民に対し本件改正が周知されているといえる状況ではなかったことなどを総合すると、本件改正の遡及適用が、国民に対してその経済生活の法的安定性又は予見可能性を害しないものであるということはできない。損益通算目的の駆け込み的不動産売却を防止する必要性も、駆け込み期間を可及的に短くする限度で許容されるのであって、それを超えて国民に予見可能性を与えないような形で行うことまでも許容するものではないというべきである。

そうすると、本件改正は、上記特例措置の適用もなく、損益通算の適用を受けられなくなった原告に適用される限りにおいて、租税法規不遡及の原則（憲法84条）に違反し、違憲無効というべきである。」

しかし、高裁では「憲法違反ではない」と判断され、この判決は取り消されました。[*8]

■所得税の納税義務はいつ成立するのか？

所得税は「**暦年課税**」といって、1年分の所得について暦年の終了のときである12月31日（大晦日）に納税義務が成立することになっています。[*9]

所得税は、**1月1日から12月31日までに生じた所得について課されます。**そして、この法改正は、この件では暦年の途中の変更である4月1日から行われています。12か月のうちの最初の3か月目という比較的早めの時期になされています。

そもそも納税義務は、4月1日の時点では成立していません。損益通算できるかどうかは、**12月31日の時点で1年間に生じたものをすべてみたうえで、マイナスのものがあればそれを損益通算できる**という規定です。そう考えると、「そもそも遡及ではないのではないか」と考えることもできます。

しかし、納税者に対する「予測可能性」は、租税法律主義が求めている重要な機能です。「課税関係における法的安定が保たれるべき趣旨」に反しないかを最高裁は検討しています。しかし、「そこまでではない」という判断でした。最高裁は次のように述べています。[*10]

まず、「所得税の納税義務は暦年の終了時に成立するものであり（国税通則法15条2項1号）、

＊8　福岡高裁平成20年10月21日判決・判タ1294号98頁。

＊9　国税通則法15条2項に「納税義務は、次の各号に掲げる国税（略）については、当該各号に定める時（略）に成立する。」と規定され、その1号に「所得税（略）暦年の終了の時」と規定されています。

＊10　最高裁平成23年9月30日第二小法廷判決・集民237号519頁。

措置法31条の改正等を内容とする改正法が施行された平成16年4月1日の時点においては同年分の所得税の納税義務はいまだ成立していないから、本件損益通算廃止に係る上記改正後の同条の規定を同年1月1日から同年3月31日までの間にされた長期譲渡に適用しても、所得税の納税義務自体が事後的に変更されることにはならない。」と述べ、最高裁はこの法改正が、そもそも遡及立法ではないといいました。

そのうえで、「しかしながら、長期譲渡は既存の租税法規の内容を前提としてされるのが通常と考えられ、また、所得税が1暦年に累積する個々の所得を基礎として課税されるものであることに鑑みると、改正法施行前にされた上記長期譲渡について暦年途中の改正法施行により変更された上記規定を適用することは、これにより、所得税の課税関係における納税者の租税法規上の地位が変更され、課税関係における法的安定に影響が及び得るものというべきである。」と述べ、次のように議論を展開します。

「……憲法84条は、課税要件及び租税の賦課徴収の手続が法律で明確に定められるべきことを規定するものであるが、これにより課税関係における法的安定が保たれるべき趣旨を含むものと解するのが相当である（略）。そして、法律で一旦定められた財産権の内容が事後の法律により変更されることによって法的安定に影響が及び得る場合、当該変更の憲法適合性については、当該財産権の性質、その内容を変更する程度及びこれを変更することによって保護される公益の性質などの諸事情を総合的に勘案し、その変更が当該財産権に対する合理的な制約として容認されるべきものであるかどうかによって判断すべきものであるところ（略）、上記……のような暦年途中の租税法規の変更及びその暦年当初からの適用によって納税者の租税法規上の地位が変更され、課税関係における法的安定に影響が及び得る場合においても、これと同様に解すべきものである。」

そして、次のような基準で、憲法84条（租税法律主義）の「課税関係における法的安定が保たれるべき趣旨」に反しないかを検討するべきと、最高裁はいいました。

「……暦年途中で施行された改正法による本件損益通算廃止に係る改正後措置法の規定の暦年当初からの適用を定めた本件改正附則が憲法84条の趣旨に反するか否かについては、上記の諸事情を総合的に勘案した上で、このような暦年途中の租税法規の変更及びその暦年当初からの適用による課税関係における法的安定への影響が納税者の租税法規上の地位に対する合理的な制約として容認されるべきものであるかどうかという観点から判断するのが相当と解すべきである。」

さまざまな補足意見の内容

結論としては「違憲ではない」と最高裁はいったのですが、補足意見もありました。たとえば、須藤正彦裁判官は、次の通り、先ほど指摘をしたさかのぼっている部分が12か月のうち最初の3か月部分に過ぎない点からギリギリセーフと考えている意見を述べました。

「……暦年末日に近い時期、例えば、11月か12月頃に、それまでの格別の周知が施されていない状況下で、そのような立法をなすことは、通常、納税者の経済活動等における法的安定性や予測可能性を著しく害する上、法に対する国民の信頼を失わしめ、個人の尊厳や財産権の保障の趣旨に背馳するともいえるから、憲法84条の趣旨及び憲法13条、29条の視点に照らして重大な疑義がある。」

次に、千葉勝美裁判官は、税制改正の経緯を分析して、どの時期であれば、納税者に対する予測可能性が保障できるかを検討しました。これも観点は違いますが、ギリギリセーフという感じですね。

「……納税者に対し本件損益通算廃止とそれが同年1月1日から適用になる旨を周知させ、そのような法改正が行われる蓋然性を踏まえて長期譲渡を行うべきか否かを検討するための十分な機会を与えたといえるのは、早くても2月3日の法案提出によってであろう。そうすると、1月1日から2月2日までの間の長期譲渡は、本件損益通算がされることを想定してされたもので上記の駆け込み売却には当たらない可能性があり得るところであり、そのような場合にまで本件損益通算廃止を適用することには、合理性、必要性に疑義が生じないではない。」

以上の補足意見は、反対意見ではありません。結論については法廷意見（多数意見）と同じで合憲ということです。しかし、ギリギリセーフといったように、これらの補足意見では、今後の立法のあり方に釘を刺すような鋭い指摘がされています。

第2章でみた大島訴訟の最高裁判決は合憲という結論でしたが、補足意見などの指摘から法改正が促されました。遡及立法事件も最高裁は合憲としましたが、補足意見を読んでみると、このような遡及的な法改正を全面的に肯定しているわけではないことがわかります。こうした指摘は、以後の法改正に対して影響を与えるでしょう。

以上が、遡及立法事件でした。これで、租税法律主義の具体的な表われは終わりです。

TAX LAW 7

租税平等主義とは？

次に、**「租税平等主義（租税公平主義）」**について説明をします。租税平等主義は、租税法律主義のように、明文の規定があるわけではありません。

憲法14条1項では、一般原則として**「法の下の平等」**を定めています。「すべて国民は、法の下に平等であつて、人種、信条、性別、社会的身分又は門地により、政治的、経済的又は社会的関係において、差別されない。」という規定です。

これを**「平等原則」**といいます。そして租税法律主義には、先ほどお話をした「合法性の原則」があります。これらを併せて考えると、**課税は平等・公平になされなければならない**ことになります。

具体的にいうと、同じ状態にある者には、原則として、同じ課税がなされるべきことになります。これを「租税平等主義」あるいは「租税公平主義」といいます。平等原則は課税の問題においても妥当するということです。

絶対的平等と相対的平等の意味

憲法14条が求めている平等原則は、「**絶対的平等**」ではなく「**相対的平等**」だと考えられています。絶対的平等とは、すべての人を同じに扱わなければいけないということです。男性であっても女性であっても、すべて同じに扱うことになります。男性トイレと女性トイレが別にあることもおかしいことになり、女性専用車も平等原則違反ということになるでしょう。小学校の運動会の徒競走で、みんなで手をつないで同時にゴールするというのも、似たような発想といえます。

これらがおかしいことは、感覚的にわかると思います。すべての人をすべて同じように取り扱うことは、一切の競争を認めないことになるからです。

すべての結果を同じにしなければならないと考える「平等」を「**結果の平等**」といいます。これでは、人間が何も努力をしなくなってしまいますし、努力した人が何ら評価されない社会を認めることになってしまいます。

そこで、平等は、結果に対してではなく、機会に与えられるべきと考えることになります。これを「**機会の平等**」といいます。

憲法が求めている「平等」は、結果の平等ではなく、機会の平等です。別の角度からみると、この「平等」は、絶対的平等ではなく、相対的平等を指すと考えられています。「相対的平等」は、事実上の差異に着目したうえで区別した取扱いをすることはできる、という考え方です。そして、この場合に平等といえるためには、区別した取扱いに合理性が必要になります。合理性がないのに区別することは、許されない差別であり、平等原則に反するからです。

第2章でお話したサラリーマン税金訴訟は、「事業所得者と給与所得者で所得税法が異なる取扱いをしていることが、平等原則違反ではないか」が争われた裁判でした。ここで最高裁が前提にしていた考えは、憲法は絶対的平等ではなく相対的平等を志向している、ということでした。

判決文[*1]にも「国民各自には具体的に多くの事実上の差異が存するのであつて、これらの差異を無視して均一の取扱いをすることは、かえつて国民の間に不均衡をもたらすものであり、もとより憲法14条1項の規定の趣旨とするところではない。すなわち、憲法の右規定は、国民に対し絶対的な平等を保障したものではなく、合理的理由なくして差別することを禁止する趣旨であつて、国民各自の事実上の差異に相応して法的取扱いを区別することは、その区別が合理性を有する限り、何ら右規定に違反するものではない」と述べられていました（第2章参照）。

事業所得者と給与所得者という、異なる稼ぎ方をしている納税者について異なる扱いを所得税法がしていても、合理的な理由があれば違憲ではない、という考えです。

資本金1億円以下の中小法人について税を優遇する規定や、一定の要件を満たす納税者については税を優遇するといった規定などの租税特別措置が、租税平等主義に違反しないかという問題もあります。[*2]

「租税平等主義に反する」という考えもあります。しかし、政策税制ですから、異なる扱いをしているとしても、そこに合理的な理由（政策目的）があれば、租税平等主義には違反しないことになります（実際、そのように考えるのが一般的で、裁判所もこうした政策税制について違憲と判断したものはありません）。

＊1　最高裁昭和60年3月27日大法廷判決・第2章1の注20。

＊2　租税特別措置法（昭和32年法律第26号）42条の3の2（中小企業者等の法人税率の特例）、同法42条の4 - 54条（特別税額控除及び減価償却の特例）など。

TAX LAW 8

地方税条例主義とは？

租税法律主義とは、あらたに税金を課したり、今ある税金を変更する場合には法律によるべきだという原則でした。

地方税の場合は、どのように考えられているのでしょうか。

地方税は地方税法で規定されています。法律に基づいて課税されているという意味では、租税法律主義通りになっています。これに基づいて、さらに地方団体が税条例で定めるものでしたね（第3章参照）。

そこで、「**地方税条例主義**」といって、地方税については租税法律主義の内容を条例に読み替えて読んでいくということが必要になってきます。この点について、裁判所は次のように述べています。[*1]

「……憲法84条にいう『法律』には地方税についての条例を含むものと解すべきであり、地方税法3条が『地方団体は、その地方税の税目、課税客体、課税標準、税率その他賦課徴収について定をするには、当該地方団体の条例によらなければならない。』と定めているのは、右憲法上の要請を確認的に明らかにしたものということができる。そして、右地方税条例主義の下においては、地方税の賦課徴収の直接の根拠となるのは条例であつて、法律ではないことになり、地方税法は地方税の課税の枠を定めたものとして理解される。」

＊1　仙台高裁秋田支部昭和57年7月23日判決・行集33巻7号1616頁。

TAX LAW 9

税制の基本原則を押さえよう

税制には、基本原則があります。

■税制には3つの基本的な基準がある

税制の基本原則としては、3要素が必要であると考えられています。それが「**公平・中立・簡素**」の3つです。

公平とは、**担税力に応じた税負担になるような税制にすべきである**という考え方ですが、公平には「垂直的公平」と「水平的公平」の2つがあると考えられています。

すでにお話しましたが、前者は税負担納能力の高い者は高い税負担をすべきという、所得税の累進税率のような考え方を指し、後者は同じ税負担能力の者は同じ税負担をすべきという消費税のような広く薄い税制を志向します。以上の2つに加え、今日では「**世代間の公平**」が重要だと考えられています。

中立とは、**税制が民間人の活動・選択に影響を与えないようにすべきこと**です。

簡素は、文字通り**税制の仕組みを簡素（簡潔なもの）にすべき**ということです。租税法律主義の機能である予測可能性の保障という点からも、簡素であることが望ましいといえます。

こうした税制の3要素（公平・中立・簡素）は、現在の日本の税制でも強く意識されており、毎年行われる税制改正でもキーワードとして登場する言葉です。

■租税原則とは？

税制の基本原則には、財政学において古くから語られる「**租税原則**」といわれるものもあります。

税法を解説する本なので、原則の紹介にとどめますが、有名なものとして「**アダム・スミスの4原則**」と「**ワーグナーの4大原則・9原則**」を挙げておきたいと思います。

アダム・スミスの4原則には、①**公平の原則**、②**明確の原則**、③**便宜の原則**、④**最小徴税費の原則**があります。

また、ワーグナーの4大原則には、①**財政政策上の原則**、②**国民経済上の原則**、③**公正の原**

則、**④租税行政上の原則**があります。

そして、それぞれのなかに、①財政政策上の原則（〔1〕課税の十分性、〔2〕課税の弾力性）、②国民経済上の原則（〔3〕正しい税源の選択、〔4〕正しい税種の選択）、③公正の原則（〔5〕課税の普遍性、〔6〕課税の公平性）、④租税行政上の原則（〔7〕課税の明確性、〔8〕課税の便宜性、〔9〕最小徴税費の努力）があります。

TAX LAW

第5章

税法の解釈とは？

TAX LAW 1

税法における解釈とは？

前章では、税法の原則として、「租税法律主義」と「租税平等主義」を説明しました。租税法律主義とは、「税金を課すためには、法律の規定によらなければならない」という考え方で、租税平等主義とは、「課税は平等・公平になされなければならない」という考え方でしたね。

どのような場合に課税できるかは、納税者である国民の側からすれば、どのような場合に納税義務が成立するかの問題です。

このような納税義務が成立するための要件を「**課税要件**」といいます。課税要件は、法律で明確に定めなければならない。これが租税法律主義でした。

そうすると、「法律の規定があれば課税できる」ことになりますが、実際には、法律の規定があるだけで、問題が解決されることにはなりません。なぜなら、法律の規定である以上、他の法律と同じように、税法にも条文の読み方、つまり「**解釈**」の問題が出てくるからです。

解釈とは、武富士事件（序章参照）の例でいえば、「『住所』とは何か」ということです。「贈与を受けた者の『住所』が日本国内にあること」が、当時の贈与税の課税要件でした。『住所』をどのように考えるべきか」という法解釈の争点で、1300億円の課税をめぐる裁判になった。これが武富士事件でした。

■「文言」とは？

法律の条文に書かれている言葉を「**文言**《もんごん》」といいます。その文言の意味は、文字通り、一般に使われている日本語の通常の意味でとらえるべきでしょう。法律の条文は、日本語の文章で書かれているからです。

武富士事件でいえば、「住所」とは、「生活の本拠」として[*1]、実際にその人が暮らしている場所を指すと考えるのが、通常の読み方でしょう。

しかし、課税庁側は、「相続税法にいう『住所』とは、一般的な意味の住所とは違い、贈与税を回避する主観的な目的がないかどうか、本当に住む意思があるかどうかという、その人の主観的な意思を考慮して判定すべきである」と主張しました。最高裁はこの考え方を採用しませんでしたが、解釈の方法（考え方）としては、あり得なくはありません。[*2]

＊1　民法22条には「各人の生活の本拠をその者の住所とする。」と規定されています。

■通常の日本語通りの理解では、不都合があることも

このように、課税要件を定めた法律の条文は、日本語で書かれています。しかし、具体的な事案に条文を適用するときに、通常の日本語の意味で理解しようとすると、不都合な結論が出てしまうことがあります。

武富士事件でいえば、「住所」の意味を文字通り住んでいる場所（香港）と考えると、日本の贈与税を課税できなくなってしまいます。しかし、「課税を回避するために住所を移した」という点や、「回避した贈与税の額が１０００億円を超える巨額だった」という点を考えれば、「課税できないのは、おかしいのではないか」となるでしょう。

このように、通常の日本語通りの解釈をした場合、「結論がどうも落ち着かない。常識的におかしいのではないか」と感じられる場合も生じるため、「どのように解釈すべきか」という法解釈が問題になります。

もっとも、「最初に結論ありき」で解釈をできるとなれば、課税をする側、あるいは解釈をする裁判所の判断１つで、結論が決まってしまうことになります。これでは、課税をする場合のルールをあらかじめ法律で定めたこと、つまり租税法律主義の意味がなくなります。

■「文理解釈」が大原則

このような問題があるので、税法の解釈は、**その条文の文言通りの意味で解釈しなければならない**という「**文理解釈**《ぶんり》」が大原則だと考えられています。[*3]

一般に法律の条文を解釈する際も、文理解釈が原則だと考えられています。しかし、税法の解釈の場合は、民法・商法・会社法などの一般の法律以上に文理解釈を徹底するべきだと考えられています。これを「**厳格解釈の要請**」といいます。

＊2 実際、武富士事件の控訴審判決は、「法令において人の住所につき法律上の効果を規定している場合、反対の解釈をすべき特段の事由のない限り、その住所とは、各人の生活の本拠を指すものと解するのが相当であり（最高裁判所昭和29年10月20日大法廷判決・民集8巻10号1907頁参照）、生活の本拠とは、その者の生活に最も関係の深い一般的生活、全生活の中心を指すものである（最高裁判所昭和35年3月22日第三小法廷判決・民集14巻4号551頁参照）。そして、一定の場所が生活の本拠に当たるか否かは、住居、職業、生計を一にする配偶者その他の親族の存否、資産の所在等の客観的事実に、居住者の言動等により外部から客観的に認識することができる居住者の居住意思を総合して判断するのが相当である。」と述べていました（東京高裁平成20年1月23日・判タ1283号119頁）。

＊3 税法解釈において、なぜ文理解釈が原則になるのかについてまとめた論文に、木山泰嗣「税法解釈のあり方―文理解釈は正しいのか」（青山法学論集58巻2号〔2016年〕73頁）があります。

なぜかというと、税法が「**侵害規範**」だからです。国民には「財産権」が保障されています（憲法29条1項）。「財産をどのように使うか」「自分で稼いだお金をどのように使うか」は、憲法が保障する財産権の対象であり、国民に自由があります。その稼いだお金から税金という名のもとに国家が強制的に徴収するのは、財産権を侵害しています。このように、**財産権を合法的に侵害できるのが、税法なのです。**

もっとも、憲法30条の規定にあるように、「国民は、法律の定めるところにより、納税の義務を負」っています。そこで、税法によって合法的に財産権が制約される、と理解するのです。

さまざまな解釈の考え方がある

このように税法が侵害規範である点を考えると、その条文の意味は、通常の日本語として文言通りに読むべき要請が強くなります。文言の意味を拡張して、普通に読んだときには想定できない解釈で課税することは許されないことになります。為政者《いせいしゃ》による自由な解釈で課税できてしまうとなれば、「法律」で定めることを求めた意味がなくなってしまうからです。

一般的な法の解釈では、文理解釈以外にも「**目的論的解釈**」といって、条文の文言の趣旨や目的を考えたうえで、内容を広げたり狭めたりするような解釈も認められています。

しかし税法では、このような趣旨・目的を考慮した目的論的解釈は、原則として許されないと考えられています。

税法では、目的論的解釈のことを「**趣旨解釈**」ということがあります。趣旨解釈とは、条文が規定された趣旨や目的を考えたうえで、文言の意味を考える解釈の方法です。趣旨解釈をすると、その文言の意味を広げて解釈するとなれば「**拡張解釈**」ということになりますし、その文言の意味を狭めて解釈するとなれば「**限定解釈**」、あるいは「**縮小解釈**」になります。

また、その条文を直接適用できないのに、内容が似ている（類似している）からという理由で、本来は適用されない別の条文を適用する「**類推解釈**」も、一般には法律の解釈では認められています。民法などでは、「類推解釈」は判例でもふつうに行われています。

しかし、税法では「類推解釈は許されない」と考えられています。[*4] 序章でみた武富士事件最高裁判決の須藤正彦裁判官の補足意見でも、次のように述べられています。

「……納税は国民に義務を課するものであるところからして、この租税法律主義の下で課税要件は明確なものでなければならず、これを規定する条文は厳格な解釈が要求されるのである。

＊4　例外的に類推解釈が認められた例もありますが、極めて限定的なものです。また、納税者に有利であれば類推解釈も認められるとの考えもありますが、有利不利にかかわらず認めるべきでないとの考えもあります。

明確な根拠が認められないのに、安易に拡張解釈、類推解釈、権利濫用法理の適用などの特別の法解釈や特別の事実認定を行って、租税回避の否認をして課税することは許されないというべきである。」

これはあくまで裁判官個人の意見ですが、最高裁判決でも、次のように述べられています。[*5]

「憲法は、国民は法律の定めるところにより納税の義務を負うことを定め（30条）、新たに租税を課し又は現行の租税を変更するには、法律又は法律の定める条件によることを必要としており（84条）、それゆえ、課税要件及び租税の賦課徴収の手続は、法律で明確に定めることが必要である（略）。そして、このような租税法律主義の原則に照らすと、租税法規はみだりに規定の文言を離れて解釈すべきものではないというべきであり（略）……」

以上が、税法の解釈の総論的なお話です。まとめましょう。税法は侵害規範なので、一般の法律より厳格な解釈が求められ、文言通り読む「文理解釈」が大原則になります。

＊5　最高裁平成27年7月17日第二小法廷判決・集民２５０号29頁。

TAX LAW 2

文理解釈とは？
——ホステス源泉徴収事件（最高裁平成22年3月2日判決）

税法の解釈は、「文理解釈」が大原則だといいました。その理由は、税法が「侵害規範」だからでした。

租税法律主義の目的や機能にも重なってきますが、侵害規範であるということは、納税者の「予測可能性」が保障されなければなりません。また、「法的安定性」も確保されなければなりません。税法の規定には、このような要請があります。

文言の意味から離れた解釈をしてしまえば、納税者が「どのような場合に課税されるか」の予測ができなくなりますし、「このような場合は課税しないとおかしい」といったあいまいな理由で、条文の文言を拡張解釈して課税されることがあるとすれば、法的安定性が害されます。

そこで税法では、**「条文の文言は、できる限り文言通りに解釈しなければならない」**と考えられているのです。

実際に裁判で争われた例に、「**ホステス源泉徴収事件**」があります。事件の概要は、次の通りです。

■ホステスは個人事業主にあたる

ホステスは通常、給与所得者ではなく事業所得者（個人事業主）であると考えられています。[*1] ホステスに支払われる報酬は、原則として「事業所得」になります。

給与所得ではないので、会社員や公務員などのような年末調整[*2]はありません。しかし、「そのまま報酬を払って終わり」となれば、報酬を受け取ったホステスが翌年の3月15日までに確定申告をして自ら納税をしなければ、税金をまったく納めない状況が起きてしまいます。

そこで、年末調整はありませんが、ホステス報酬を支払う際に、**報酬の支払者が所定の税率等で計算される税額を源泉徴収しなければならない**、とされています。[*3]

■ホステス源泉徴収事件の概要

この事件は、ホステスに報酬を支払っていた事業者（納税者）に対し、「源泉徴収を行う際の税金（源泉所得税の額）の計算方法に誤りがある」と課税庁が主張して、納税者が「納得がいかない」と争った事案です。この事業者は実際に源泉徴収を行っていましたが、源泉所得税額の計算方法が間違っているとして処分（追徴課税）がされたのです。[*4]

具体的には、ホステスの源泉所得税額を計算する際には「基礎控除額」があります。基礎控除額は、「5000円に当該支払金額の計算期間の日数を乗じて計算した金額」です

＊1　一般的には事業所得にあたると考えられているということで、契約内容などによっては給与所得にあたる場合もあり得ます。しかし、本件では事業所得にあたる点については当事者間に争いがなかったため、事業所得であることが前提に議論がされました。

＊2　年末調整は、源泉徴収とセットとなり、所得税（給与所得）の納付を会社（支払者）が過不足なく行う仕組みです。給与の支払の際、会社は所定額を徴収し、源泉所得税を翌月の10日までに所轄の税務署に納める義務を負います（所得税法183条1項）。これだけだと、暦年終了時（12月31日）に成立するその1年分の従業員等（受給者）の所得税額を計算した場合、所得控除などもありますので、納めすぎになっている場合も出てきます。逆に、不足している場合も出てきます。納めすぎの場合には税務署から還付されたものを、会社が従業員に給与の振込の際に還付し（過納額の還付）、不足していた場合は翌月の源泉徴収の際に不足額を会社が徴収して翌月10日までに税務署に納めます（不足額の徴収）。これを「**年末調整**」といいます（所得税法190～193条）。

＊3　所得税法204条1項に「居住者に対し国内において次に掲げる報酬若しくは料金、契約金又は賞金の支払をする者は、その支払の際、その報酬若しくは料金、契約金又は賞金について所得税を徴収し、その徴収の日の属する月の翌月十日までに、これを国に納付しなければならない。」と規定され、6号に「キャバレー、ナイトクラブ、バーその他これらに類する施設でフロアにおいて客にダンスをさせ又は客に接待をして遊興若しくは飲食をさせるものにおいて客に侍してその接待をすることを業務とするホステスその他の者（略）のその業務に関する報酬又は料金」と規定されています。

＊4　源泉徴収すべき税額にもれがあったとして、納税告知処分（国税通則法36条1項2号）と、不納付加算税の賦課決定処分（同法67条1項）がなされました。

（「5000円×当該計算期間の日数」で基礎控除額が計算される、ということです）。ホステスに支払った報酬額からこの基礎控除額を引いた残りの部分に10％の税率を掛け、源泉所得税額を計算します。[*5]

これは、所得税法とその所得税法から委任を受けた「所得税法施行令」という政令の規定でルールが定められています。[*6] このこと自体は租税法律主義の内容に合致しているので、特に問題はありません。

なお、報酬の支払についての源泉所得税額の計算については、こうしたホステス報酬のような（1）基礎控除額があり、かつ**単一税率**（10％）とされているものと、原稿料や弁護士等の報酬などのように（2）基礎控除額はなく、1回の報酬の支払が100万円までは10％で、100万円を超えると20％になる**2段階税率**とされているものの2種類があります。[*7]

■「計算期間の日数」をめぐる両者の主張

問題になったのは、基礎控除額の計算式である「5000円×当該計算期間の日数」の「計算期間の日数」という部分です。

計算期間の日数とは、文字通り、「その期間の初日から最終日までの全日数」を指すと納税者は考え、課税庁は「実際にホステスが出勤した日のみ」を指すべきだと主張しました。

この事業者は、「1日～15日までの期間」と「16日～月末までの期間」の月2回に区切って計算期間を定め、月に2回、ホステスに報酬を支払っていました。

1日～15日までの期間の報酬であれば、「当該計算期間の日数」は15日だと考えます。このように考え、納税者（事業者）は、「15日×5000円＝7万5000円」を引いたうえで、

＊5 所得税法205条柱書には「前条第1項の規定により徴収すべき所得税の額は、次の各号の区分に応じ当該各号に掲げる金額とする。」と規定され、2号には「前条第1項……第6号に掲げる報酬若しくは料金又は同項第8号に掲げる賞金　その金額（略）から政令で定める金額を控除した残額に100分の10の税率を乗じて計算した金額」と規定されています。

＊6 所得税法施行令322条には「法第205条第2号（報酬又は料金等に係る徴収税額）に規定する政令で定める金額は、次の表の上欄に掲げる報酬又は料金の区分に応じ、同表の中欄に掲げる金額につき同表の下欄に掲げる金額とする。」と規定され、「法第204条第1項第6号に掲げる報酬又は料金」は「5000円に当該支払金額の計算期間の日数を乗じて計算した金額」と規定されています。

＊7 所得税法205条1号には、前掲注5の柱書の後に「前条第1項第1号、第2号、第4号若しくは第5号又は第7号に掲げる報酬若しくは料金又は契約金（次号に掲げる報酬及び料金を除く。）その金額に100分の10（同一人に対し一回に支払われる金額が100万円を超える場合には、その超える部分の金額については、100分の20）の税率を乗じて計算した金額」と規定されています。

残りの部分に税率を適用し、源泉所得税額を税務署に納めていました。

しかし、課税庁は、「この5000円はあくまでホステスの1日あたりの必要経費としての意味をもつものと理解すべきなので、出勤していない日まで機械的に5000円を引くのはおかしい」と主張しました。

たとえば、ホステスが15日の計算期間の間に3日だけ出勤していた場合、先ほどのような「15日×5000円＝7万5000円」を基準として引くのではなく、「3日×5000円＝1万5000円」のみを基礎控除額として引いて、その残額に税率を掛けて源泉所得税額を計算すべきだと主張しました。

納税者の主張によれば、ホステスが出勤していたか、していないかにかかわらず、計算期間の全日数について1日あたり5000円を掛けた金額が引かれます。そこで、源泉所得税額は低くなります。「出勤していない日まで引けるのはおかしい」というのが、課税庁です。

課税庁の主張によると、実際に勤務した日数にのみ「×5000円」をして、基礎控除額を計算します。そこで、たとえば15日の計算期間の日数がある場合、その全部の日数を勤務した人でなければ、源泉所得税額は高くなります。

■裁判所におけるさまざまな結論

このような問題について、4つの裁判が起きました。地裁（第1審）と高裁（控訴審）では、2つの事件ごとに結論が分かれました。

2つの事件については、地裁・高裁ともに納税者が勝ちました[*8]。税法の解釈は文理解釈が原則であり、「計算期間の日数」としか書いていない以上、「その全日数である15日間×5000円で計算するのが当然の解釈である」というものです。これまでお話してきた「文理解釈」ですね。たとえば、次のような判決がありました[*9]。

「……憲法84条が定める租税法律主義の下では租税関係法規は明確に定められることが必要であり、また、定められた法規はできるだけその文言に忠実に解釈することが必要である。殊《こと》に、本件では源泉徴収すべき税額が問題となっているが、源泉徴収は納税義務者に代わって私人が

＊8　東京高裁平成19年3月27日判決・税資257号順号10671（横浜地裁平成18年5月10日・税資256号順号10385）、東京高裁平成19年6月12日判決・税資257号順号10726（東京地裁平成18年11月21日判決・税資256号順号10577）。

＊9　横浜地裁平成18年5月10日・前掲注8。

一定の負担の下に日々行うものであり、その徴収納付に過不足があるときは、自ら追加納付する義務を負ったり、納税義務者へ差額を返還すべき義務を負うのであるから、その根拠となる法規及びその解釈についてはより強く上記のことが要請されるというべきである。」

これに対して別の2つの事件では、地裁・高裁ともに課税庁側が勝訴しました。[*10] その理由は、「法の解釈は文理解釈が原則かもしれないが、それだけの解釈が絶対ではない」ということです。たとえば、次のような判決がありました。[*11]

「……法令の解釈に当たり、原則として文理解釈に徹すべきであるにせよ、法令の文言を変動するあらゆる社会事象に余すところなく対応させることなど立法技術上不可能であるから、当該法令の趣旨・目的を十分に参酌した上で、その法令の文言の解釈を行うべきものであることは、一般に法令の解釈において基本的な遵守事項とされているのであり、このことは租税法令の解釈においても何ら異なるところはない。そして、法におけるホステス報酬等の源泉徴収制度の趣旨・目的をも参酌した上で上記法条を解釈すれば、本件各集計期間のうち本件各ホステスの実際の出勤日数と解すべきことに合理性があることは前記引用に係る原判決説示のとおりである。」

つまり、これらの裁判所（2つの事件の地裁・高裁）では「趣旨解釈」が行われたのです。

■最高裁の見解は？

これに対して最高裁は、納税者を勝訴させました。[*12]「文理解釈が税法の解釈では原則であり、計算期間の全日数である15日分を引くべきである」としたのです。具体的には、次のように述べました。

「……一般に、『期間』とは、ある時点から他の時点までの時間的隔たりといった、時的連続性を持った概念であると解されているから、施行令322条にいう『当該支払金額の計算期間』も、当該支払金額の計算の基礎となった期間の初日から末日までという時的連続性を持った概念であると解するのが自然であり、これと異なる解釈を採るべき根拠となる規定は見当たらな

＊10　東京高裁平成18年12月13日判決・訟月57巻2号417頁（東京地裁平成18年3月23日判決・税資256号順号10351）、東京高裁平成19年1月25日判決・税資257号順号10616（さいたま地裁平成18年5月24日判決・税資256号順号10403）。
＊11　東京高裁平成18年12月13日判決・訟月57巻2号417頁。
＊12　最高裁平成22年3月2日第三小法廷判決・民集64巻2号420頁。

い。

（略）租税法規はみだりに規定の文言を離れて解釈すべきものではなく、原審のような解釈を採ることは、上記のとおり、文言上困難であるのみならず、ホステス報酬に係る源泉徴収制度において基礎控除方式が採られた趣旨は、できる限り源泉所得税額に係る還付の手数を省くことにあったことが、立法担当者の説明等からうかがわれるところであり、この点からみても、原審のような解釈は採用し難い。

そうすると、ホステス報酬の額が一定の期間ごとに計算されて支払われている場合においては、施行令322条にいう『当該支払金額の計算期間の日数』は、ホステスの実際の稼働日数ではなく、当該期間に含まれるすべての日数を指すものと解するのが相当である。」


このように考えると、たとえば15日の計算期間の日数のうち、1日しか出勤していない人がいた場合でも、「15日×5000円＝7万5000円」の基礎控除額があることになります。「それはおかしいのではないか」と思われるかもしれません。

■基礎控除額はなぜ導入されたのか？

しかし、最高裁は判決文のなかではいっていませんが、その事件を担当した調査官が書いた

この法律ができた立法の経緯が丁寧に説明されています。[*13]解説（調査官解説）を読むと、「そもそもなぜ、この基礎控除額が導入されたのか」という、

もともと基礎控除額は、最初から5000円ではありませんでした。約40年前の昭和50年（1975年）に5000円になるまでは、2000円や3000円という時代もありました。[*14]

基礎控除額が低かった時代は、確定申告の際にホステスの源泉徴収された額が多すぎる、つまり1年間の所得税を納めすぎているということがありました。そこで、「**還付請求**」といいますが、「納めすぎた税金を返せ」という請求が税務署に多数ありました。[*15]

＊13　鎌野真敬「判解」最高裁判所判例解説民事篇平成22年度（上）122頁。

＊14　鎌野調査官解説には、「ホステス報酬については、昭和42年度の税制改正において、……源泉徴収の対象とされ（略）その際、基礎控除額については、当該支払金額の計算期間の日数に乗ずべき金額が2000円とされた」こと、「昭和47年度の税制改正においては、……ホステスの報酬については控除すべき1日当たりの金額が3000円とされた」こと、「昭和50年度税制改正において、……ホステス報酬につき源泉徴収の基礎控除額が引き上げられ、控除すべき1日当たりの金額が現行の5000円とされた」ことが説明されています（鎌野・前掲注13）133～134頁。

＊15　鎌野調査官解説には、「昭和42年度の税制改正後における累次の所得税減税によって、特に……ホステスについて、確定申告における還付が増加しつつある現状にあることから、昭和42年後における課税最低限の引上げ状況等をも勘案してされたもの」であること、「昭和50年度税制改正……についても、昭和47年度の税制改正後の累次の所得税減税によって、……ホステス等についての還付の事例が増加しているところから採られた措置」であることが説明されています（鎌野・前掲注13）134頁）。

税務署の事務が3月に煩雑になることを回避するために、「一律で1日あたり5000円を引く」ということにしたのです。ホステスからの多数の還付請求により、税務署の事務が煩雑になることを防ぐ目的で基礎控除額が上げられたことが、立法資料に記述されていました。

そして、5000円をホステスの1日あたりの必要経費だと考えるのであれば、これは40年前に定められた金額です。

物価の上昇などを考えれば、約40年前（昭和50年（1975年））の5000円と今の5000円が同じとは考えられませんよね。「基礎控除額が1日あたりの必要経費だとすれば、金額がもっと上がっているはずではないか」ということになります。

基礎控除額の5000円が40年経っても引き上げられていない理由は、これは別に必要経費としての意味ではなく、あくまで還付請求が多数起きてしまうことを回避するための意味だということです。

このような立法の趣旨や目的との関係でも、「文理解釈の結論は不都合ではない」ということで、最高裁はこの文理解釈の原則を貫いたのです。

■「文理解釈が原則」であることは、裁判所でも浸透していない

このように、税法の解釈は「文理解釈が原則である」と考えられています。実際にこの事件でも、最高裁でようやく認められましたが、地裁・高裁では文理解釈が徹底されない判決になっていました。

過去に「文理解釈が原則」だといった最高裁判決には、ほかに昭和48年判決と平成27年判決があります。[*16] 最高裁昭和48年判決は「租税法の規定はみだりに拡張適用すべきものではないから、譲渡担保による不動産の取得についてはこれを類推適用すべきものではない。」と述べています。

しかし、いずれの事件も、第1審・控訴審では異なる結論が出ていました。[*17] たとえば、最高裁昭和48年判決の第1審では、次のように述べられていました。[*18]

＊16　最高裁昭和48年11月16日第二小法廷判決・民集27巻10号1333頁、最高裁平成27年7月17日第二小法廷判決・第5章1の注5。

＊17　東京高裁昭和43年5月29日判決・行集19巻5号948頁（東京地裁昭和39年7月18日判決・判タ165号116頁）、大阪高裁平成26年2月6日判決・判自400号71頁（大阪地裁平成25年4月26日判決・判自400号46頁）。

「……当裁判所の見解によれば、税法の解釈適用に当たつては、法の予想するところを超えて実質的に新たな課税対象を創設若しくは課税対象を拡張し、又は納税者に不利益を来たす方向において類推ないし拡張解釈を行なうことは慎しまるべきものであるが、納税者の有利に、課税の公平、公正を図る方向において合理的類推解釈を行なうことは、これを禁ずべき理由はないものといわねばならない。

（略）以上の理由により、当裁判所は、譲渡担保としての不動産所有権の取得は、課税対象としての『不動産の取得』に当らず、むしろ、同法第73条の7第3号の規定を類推して非課税に当たるものと解する。」

また、最高裁平成27年判決の控訴審では、次のように述べられていました。[19]

「……『大字某』『共有地』名義の土地について、町会・自治会がこれを管理・処分する権限を有する団体として取り扱われた場合には、『大字某』『共有地』によって表章される地縁団体は、実体としては消滅しているのと同視し、地方税法348条2項後段を類推適用して、上記町会・自治会を『当該土地を現に所有している者』として、これらの土地の固定資産税等の納税義務者とするのが相当である。」

「税法の解釈は文理解釈が原則である」ということは、税の専門家の間では、また、最高裁の判例上も、当然のこととして理解されています。

しかし、裁判所でも下級審の裁判所になると、実は文理解釈の原則がそこまで浸透していないのです。他の法律の解釈と同じように、裁判官が自由に趣旨・目的で文言を広げるような解釈、あるいは狭めるような解釈をしてしまっていることがあります。

税法解釈における文理解釈の重要性は、裁判所の間でも残念ながらそれほど浸透していません。しかし最高裁はわかっていて、地裁や高裁で文理解釈から外れた解釈がなされるたびにそれを正しています。これが、今の日本の税務訴訟の実情なのです。

＊18　東京地裁昭和39年7月18日判決・判タ165号116頁。

＊19　大阪高裁平成26年2月6日判決・前掲注17。

TAX LAW 3

拡張解釈とは何か？

「**拡張解釈**」についても触れておきましょう。拡張解釈は、文言を広げる解釈です。条文の文言の意味を限定する「限定解釈」の逆バージョンです。拡張して課税するとなれば、納税者が読み取れない範囲のものについて課税することになります。税法の拡張解釈は、許されないと考えられています。

ただ、「拡張である、拡張でない」といっても、結局、解釈をする時点で条文の文言の読み方をそれなりに伸縮しています。「何が許されない拡張解釈で、何が許される解釈の範囲内にとどまるのか」ということは、実際には線引きがむずかしいです。

■レーシングカー事件とは？

そのようなかで、「**レーシングカー事件**」があります。[*1] これは、最高裁が、「拡張解釈を行ったのではないか」という批判のある事件です。

今は消費税がありますが、消費税が作られる前は「物品税」がありました。物品税は消費税が創設されたときに廃止されました。当時の物品税法では、「掲名主義《けいめい》」といって、「こういうものにはこういう税率で税金を課す」という物品の主体と税率がすべて法律で規定されていました。そうでない限りは課税できない、という仕組みでした。

そのなかで、課税物品として「小型普通乗用自動車」というものの規定がありました。「FJの600」と呼ばれる、フォーミュラタイプに属する競争用自動車（レーシングカー）が、「小型普通乗用自動車にあたるかどうか」が裁判で争われました。

あたるとなれば、物品税が課されます。普通に考えた場合、普通乗用自動車にレーシングカーがふくまれるとは思えないと思います。

■最高裁でも意見が分かれた

第1審は、「これは普通乗用自動車ではない」ということで納税者を勝たせました。しかし、

＊1　最高裁平成9年11月11日第三小法廷判決・集民186号15頁。

控訴審・最高裁は「これにあたる」としました。

最高裁は、「普通乗用自動車というのは、特殊の用途に供するものではない乗用自動車をいう」と述べました。ただ、普通乗用自動車に該当するかどうかは、「その自動車の性状、機能、使用目的等、総合して判定すべきだ」といっています。具体的には、次の通りです。

「……物品税法（昭和63年法律第１０８号により廃止）別表課税物品表第二種の物品7号2には課税物品として小型普通乗用四輪自動車が掲げられているところ、右にいう普通乗用自動車とは、特殊の用途に供するものではない乗用自動車をいい、ある自動車が普通乗用自動車に該当するか否かは、当該自動車の性状、機能、使用目的等を総合して判定すべきものと解するのが相当である。（略）本件各自動車も、人の移動という乗用目的のために使用されるものであることに変わりはなく、自動車競走は、この乗用技術を競うものにすぎない。また、本件各自動車の構造、装置が道路を走行することができないものとなっているのも、右のような自動車競走の目的に適合させるべく設計、製造されたことの結果にすぎないのであって、本件各自動車は、乗用とは質的に異なる目的のために使用するための特殊の構造、装置を有するものではない。したがって、本件各自動車は、その性状、機能、使用目的等を総合すれば、乗用以外の特殊の用途に供するものではないというべきであり、普通乗用自動車に該当するものと解すべきである。」

このFJの600と呼ばれる、フォーミュラタイプの競走用自動車は、法律上、道路を走行できません。しかし、「本件各自動車も、人の移動という乗用目的のために使用されるものであることに変わりはない」といって、結局、普通乗用自動車にあたるとしたのです。

しかし普通に考えると、一般の道路を通行できないレーシングカーが普通乗用自動車にあたるというのは、文言からは読み取りにくいのではないかと思いませんか?「拡張解釈ではないか」と批判する論者も多い判決です。

最高裁判決は、小法廷なので5人の裁判官の多数で結論が出ますが、そのうち2人は反対意見を示しました。具体的には、尾崎行信裁判官の次の反対意見があり、これに元原利文裁判官が同調しています。

「……そもそも、物品税法は、別表課税物品表に掲げられた物品に限って課税物件とする仕組みを採用しているところ、物品税の課税対象とされる乗用自動車の範囲については、同法は、これを単に普通乗用自動車という文言で規定しているにすぎず、本件各自動車のように専ら自動車競走場における自動車競走の目的にのみ使用され、そのための構造、装置を有している自動車が特殊の用途に供するものではない普通乗用自動車に該当するとの解釈が、社会通念に照らして、少なくとも明確であるとは認められない。そうであるとすれば、課税要件明確主義の観点からも、本件各自動車が普通乗用自動車に該当するものと解することは許されないものというべきである。本件各自動車のような競走用自動車に対する課税の必要性が高いのであれば、小型キャンピングカーのように同法の別表課税物品表中にその旨掲げれば足りるのであり、そのような立法手続が格別の困難を伴うものであるとも思われない。」

最高裁判決といっても、裁判官5人のうち3人が「この解釈が妥当だ」といったに過ぎないのです。3対2ですから、じつは非常に微妙な判断である、ということができます。反対意見がいうように、法廷意見（最高裁判決）は拡張解釈で、許されない解釈だったのではないかと思います。

税法の解釈は、文理解釈が原則であるといっても、実際の事件をみてみると、税法の条文をどのように解釈すべきかが簡単に決まるものではありません。裁判所の判断も分かれることがあるのです。

TAX LAW

第6章

税法の制度を押さえよう

TAX LAW 1

申告納税制度とは？

第6章では、税法の基本的な制度をまとめたいと思います。これまで各章に登場した制度を掘り下げて説明する章になります。

まず、「**申告納税制度**」からお話します。申告納税制度は、日本の国税について、納税者の具体的な税額を確定させるための原則的な方式として採用されています。[*1]

■戦前の賦課課税制度の仕組み

戦前は、この申告納税制度は採られていませんでした。「自分の税金は自分で申告した額で確定させる」という制度ではなく、「税額は税務署が調べて確定させる」という制度が採られていました。戦前に採られていたこの制度は、「**賦課《ふか》課税制度**」と呼ばれます。

戦前の賦課課税制度は、たとえば所得税の場合、納税者から提出された申告書を参考に税務署が作成した所得調査書を、所得調査委員会（所得税創設当初は所得税調査委員会）の意見を聴いたうえで、税務署長が税額を決定するものでした。所得調査委員会は、各署（収税署）管内における所得税の納税者の選挙によって選ばれました。

また、実情としては、同種の業種の所得金額を事業規模等と比較して計算する「**権衡査定**《けんこうさてい》」という方法が使われており、実額を正確に把握した場合でも「**実額斟酌**《じつがくしんしゃく》」という10％程度の斟酌をできるなどの、ざっくりとした課税がされていました。

＊1　国税通則法16条1項に「国税についての納付すべき税額の確定の手続については、次の各号に掲げるいずれかの方式によるものとし、これらの方式の内容は、当該各号に掲げるところによる。」と規定され、その1号で「**申告納税方式**」とは、「納付すべき税額が納税者のする申告により確定することを原則とし、その申告がない場合又はその申告に係る税額の計算が国税に関する法律の規定に従つていなかつた場合その他当該税額が税務署長又は税関長の調査したところと異なる場合に限り、税務署長又は税関長の処分により確定する方式をいう。」と規定されています。また、同条2項に「国税（略）についての納付すべき税額の確定が前項各号に掲げる方式のうちいずれの方式によりされるかは、次に定めるところによる。」と規定され、その1号で「納税義務が成立する場合において、納税者が、国税に関する法律の規定により、納付すべき税額を申告すべきものとされている国税」は「申告納税方式」であると規定されています。そして、所得税、法人税、相続税・贈与税、消費税といった国税の基本税目は、いずれも、それぞれの法律で「納付すべき税額を申告すべき」とされているため（所得税法120条、法人税法74条、相続税法27条、28条、消費税法45条）、申告納税方式になります。

このような当時の所得課税の実態は、「納税者個々人の真実の所得の把握とその課税というよりも、納税者全体としてのバランスの取れ、実情に合った課税を意味するもの」であったといわれています。[*2]

税務署長が税額を確定するという意味での「賦課課税制度」は、現在でも、国税では加算税などで一部採られており、[*3]地方税では原則として採用されています。

しかし、所得税、法人税、相続税、贈与税、消費税といった国税の主要な税目では、採用されていません。申告納税制度が採用されているからです。

■戦後に導入された申告納税制度

申告納税制度とは、**自分で税額を計算した申告書を税務署に提出することで、納税者が自らの納税義務（税額）を確定させる仕組み**です。

戦後、日本では1946年（昭和21年）11月3日に新憲法（日本国憲法）が制定され、1947年（昭和22年）5月3日から施行されました。

新憲法では明治憲法（大日本帝国憲法）の天皇主権とは異なり、国民主権になりました。そして、民主主義が理念として強く打ち出されました。

「自分のことは自分で行う」ことが、憲法の理念である民主主義に適っているといえます。

また、アメリカでは1913年の所得税法の創設時から申告納税制度が採用されていたため、母国の制度としてなじんでいるという側面もありました。

そこでGHQから推奨され、1947年（昭和22年）に申告納税制度は導入されました（これにともない、所得調査委員会は廃止されました）。もっとも、申告納税制度が導入されたのは、当時激しいインフレが起きていたため、前年をベースにした課税では所得税の税収をまかなえない事態があり、それを解消するためでした。

勤労所得者以外の納税者は毎年4月にその年の所得を予算として申告し、予定額の4分の1を、4回に分けて分納（4月、7月、10月、翌年1月）するものでした（予定申告制度）[*4]。そして増減があった場合には、次の申告期に修正申告を行い、翌年1月に確定税額を計算して申

＊2　池本征男「申告納税制度の理念とその仕組み」税大論叢32号（1998年）35頁。
＊3　国税通則16条1項2号で「**賦課課税方式**」とは、「納付すべき税額がもっぱら税務署長又は税関長の処分により確定する方式をいう。」と規定されています。
また、同条2項2号で「前号に掲げる国税以外の国税」は「賦課課税方式」であると規定されています。
＊4　1954年（昭和29年）改正で、予定納税制度に変わりました。

告する（確定申告）というものでした。

これは所得税の申告ですが、法人税についても、１９４７年（昭和22年）改正で、すべての法人が事業年度終了の日から2か月以内に所得の申告をして計算した税額を納付することになりました。

相続税についても、同年の改正で、相続開始（被相続人の死亡）後４か月以内に申告納税すべきことになり、新設された贈与税についても、贈与を行った年の翌年１月31日までに申告納税すべきことになりました。

■シャウプ税制により、申告納税制度の基盤が確立された

その後の１９４９年（昭和24年）のシャウプ勧告に基づくシャウプ税制（１９５０年（昭和25年））によって、「**青色《あおいろ》申告制度**」（第6章3参照）も導入されました。

青色申告制度が導入された当時は、会計帳簿の基礎が調っていた法人では50％が青色申告を申請しましたが、記帳習慣がなく賦課課税制度になじんでいた個人の普及割合は５％程度しかありませんでした。しかし、その後、民間の青色申告会が結成されたり、税務署も普及運動に力を入れたりするなどして、青色申告は少しずつ普及していきました。

また、申告納税制度が導入された当時は、それまでの賦課課税方式からの大きな変革であったため、混乱を招きました。１９４８年（昭和23年）には約70％もの納税者が、１９４９年（昭和24年）には約40％の納税者が更正決定を受けることになり、これに対する異議申立て（不服申立て）も大量に起きました。

いずれにせよ、このシャウプ税制が発端となり導入された青色申告制度などによって、申告納税制度の基盤が確立されました（第1章参照）。

この点について、シャウプ勧告では、次のように述べられています。

まず、序文に「われわれは租税法規の公平且《か》つ能率的な施行および日本の納税者の高度な納税に対する協力を得るための困難は必ずしも不可避なものでないとの確信を得たのである。従って、われわれの目的は、商工業者および相当な生計を営むすべての納税者が記帳を励行《れいこう》し、公平に関連するかなり複雑な問題を慎重に論究することを辞さないということに依存する近代的な制度を勧告するにある。同時に、また、小さな納税者には、申告および納税の手続を簡単なものにしておくべきである。このような方向で問題を検討すれば、日本が今後数年のうちに、もしそれを欲するならば、恐らく世界で最もすぐれた租税制度をもてないという理由はなんら認められないのである。」とあります。

そのうえで、青色申告について、次のように推奨をしています。[*5]

「……これは、納税者の『青色申告用紙』の使用に対する協力がたかまるにつれて初めてできることである。このような申告は大蔵省の制定する規則に従って帳簿をつけている納税者に限りそれが許される。これらの納税者は、税務官吏がその帳簿を調べないで更正決定をすることはないということを保証されるであろう。[*6]」

「農業以外の個人営業者にはこの報告で前に述べた『青色申告用紙』の方法で帳簿を記帳することを奨励すべきである。大蔵省は納税者が『青色申告用紙』で申告することを認められる場合記帳を必要とする帳簿の見本を公にし、この見本を広く配布すべきである。『青色申告用紙』で申告する納税者はその帳簿を検査しないで更正決定をされないであろう。また、他の個人納税者と違ってかれは純益を計算するにあたって減価償却を許されるであろう[*7]」

＊5　『シャウプ使節団日本税制報告書』（時事通信社、１９４９年）２頁。なお、現代の漢字かな使いに改めたうえで引用しています（以下、同じ）。
＊6　前掲注５・１７７頁。
＊7　前掲注５・１８２頁。

TAX LAW 2

税務調査はなぜ必要か？

申告納税制度とは、自分の税金を自分で申告して確定させる制度です。そこで、「申告された税額は正しいのか」「申告すべきなのに、申告書を提出していない人がいるのではないか」といった問題が起きる可能性があります。

また、申告をするためには、日ごろから帳簿を備え付けて取引を記録すること、そしてその帳簿書類を保存しておくことも必要になってきます。

他方で、自分で申告して税金が決まる制度を採ると、うその申告をする人やごまかした申告をする人が出てくるでしょう。それを放置することが普通に行われていると国民が感じてしまえば、正確な申告をしようという人がいなくなってしまいます。「正直者はバカを見る」と思われてはなりません。

そこで、実際には「**税務調査**」という制度も必須になります。第一次的には納税者の申告した内容で税額は確定します。しかし、税務調査があって、申告内容に誤りがあった場合には、行政処分により正されます。

■行政処分の種類

申告の内容が正しいかどうか、税務署が税務調査を行い、誤りがあることが発覚した場合、通常は申告内容を自分で修正するよう税務署から求められます。過少に申告した内容を増額させる修正をした申告のことを「**修正申告**」といいます。[*1]

納税者が税務署からの指摘を受け入れず、修正申告に応じない場合は、税務署長はその納税者に対して「**更正処分**」を行います。更正処分とは、申告した税額が過少であるため、申告税額を増額させる行政処分です。[*2] 税額を減額する更正処分もありますが（減額更正処分）、通常、税務調査で発覚して行われる「**追徴課税**」では、申告内容が過少で増額更正をする場合を指します（増額更正処分）。

また、「申告すべきなのに、申告すらしていなかった」ことが税務調査で発覚する場合があります。更正とは「申告の内容を正す」という意味なので、申告がない場合、更正処分はできません。そこで、税務署長が税額を決定する「**決定処分**」が行われます。[*3]

ほかにも、追徴課税の行政処分には「**納税告知処分**」があります。ただし、納税告知処分は後でお話する源泉徴収をすべきなのに行っていなかったことが税務調査で発覚した場合などに行われる徴収処分です。[*4] 申告納税制度とは直接関係なく、源泉徴収制度と関係しています。

申告納税制度は、申告の有無、申告内容を第二次的にチェックする必要が出てくるため、税務調査と更正や決定という課税処分が、両輪として必要になります。

申告納税制度のもとでは、第一次的には納税者が自分で申告して税額を確定させます。しかし、申告内容が正しくないことが発覚した場合、第二次的に税務署長が更正して確定します。

＊1　国税通則法19条1項には、次のように規定されています。

「納税申告書を提出した者（略）は、次の各号のいずれかに該当する場合には、その申告について第24条（更正）の規定による更正があるまでは、その申告に係る課税標準等（略）又は税額等（略）を修正する納税申告書を税務署長に提出することができる。

一　先の納税申告書の提出により納付すべきものとしてこれに記載した税額に不足額があるとき。（略）」

＊2　国税通則法24条に「税務署長は、納税申告書の提出があつた場合において、その納税申告書に記載された課税標準等又は税額等の計算が国税に関する法律の規定に従つていなかつたとき、その他当該課税標準等又は税額等がその調査したところと異なるときは、その調査により、当該申告書に係る課税標準等又は税額等を更正する。」と規定されています。

＊3　国税通則法25条本文に「税務署長は、納税申告書を提出する義務があると認められる者が当該申告書を提出しなかつた場合には、その調査により、当該申告書に係る課税標準等及び税額等を決定する。」と規定されています。

＊4　国税通則法36条1項に「税務署長は、国税に関する法律の規定により次に掲げる国税（略）を徴収しようとするときは、納税の告知をしなければならない。」とあり、2号に「源泉徴収による国税でその法定納期限までに納付されなかつたもの」と規定されています。

◎実調率の推移

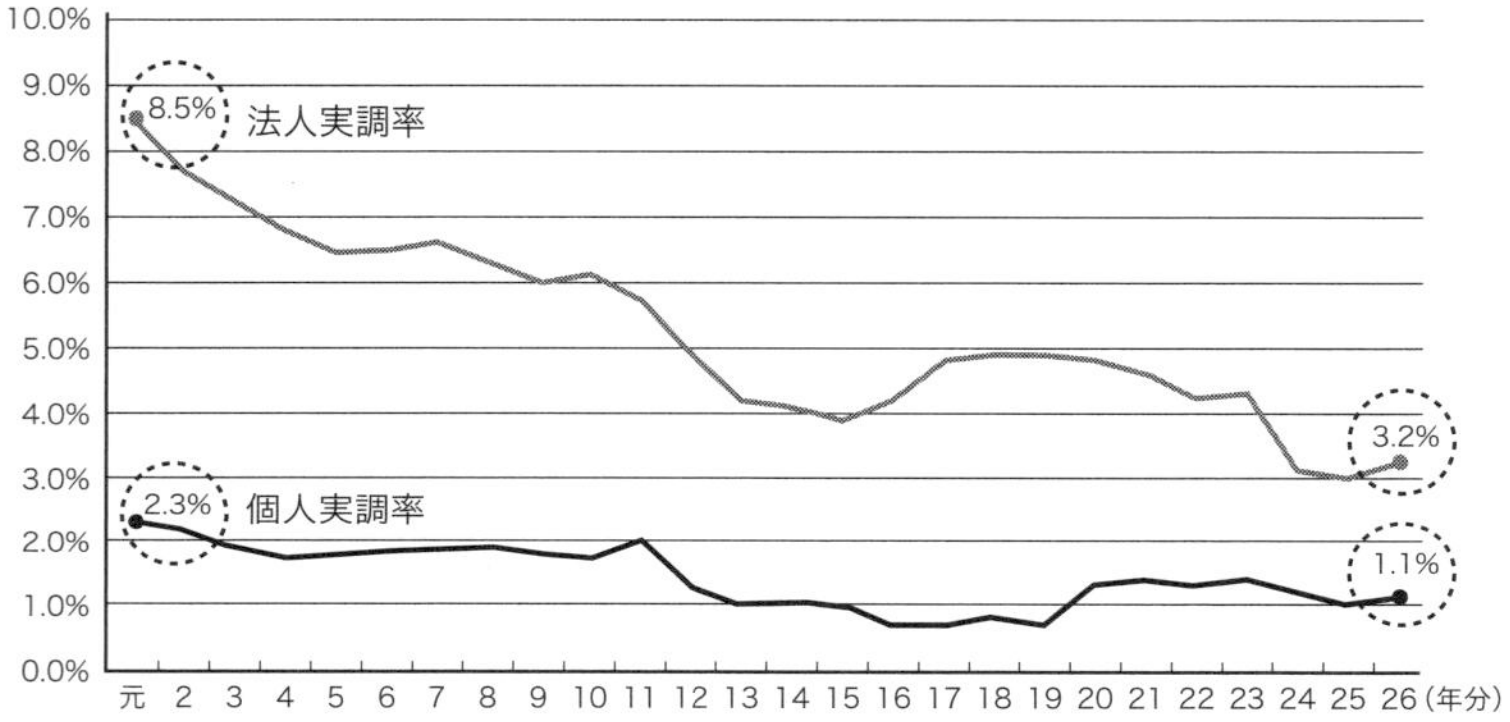

（注 1）「法人実調率」は、実地調査の件数を対象法人数で除したもの。
（注 2）「個人実調率」は、実地調査（20 年分以降は実地着眼調査をふくむ）の件数を税額のある申告を行った納税者で除したもの。

出典：国税庁「税務行政の現状と課題」

また、そもそも申告すべきなのに申告をしていない納税者に対しては決定処分がされます。

このようにいうと、「申告納税制度といっても、結局は国税当局が、最後は税額を確定させるのではないか」と思われるかもしれませんが、それは違います。あくまで、調査に基づき更正や決定がされるのは、二次的なものです。

税務調査により更正や決定ができるのは、原則として法定申告期限から5年以内です。[*5] 悪質な場合は7年間さかのぼることができますが、[*6] 期限があります。こうした期限を過ぎたものに、更正や決定の機会はありません。

また、そもそも税務調査はすべての納税者に行われるものではありません。調査による更正や決定があった場合を除き、原則として納税者が行った申告通りの内容で税額（納税義務）は確定します。つまり、申告内容は決して仮のものではない、ということです。[*7] 納税者の責任で税額を確定させる仕組みが、申告納税制度なのです。

もっとも、税務調査については「**実調率**《じっちょうりつ》」といって、実地に税務署が納税者に対して税務調査を行った割合を示す数値があります。税務署の人員は限られており、法人や申告すべき個人の納税者は多数いますので、絞込みを行うしかありません。

個人の所得税の実調率は1％程度です。ですから、零細な個人事業主の場合、税務調査を受

＊5　国税通則法70条1項に「次の各号に掲げる更正決定等は、当該各号に定める期限又は日から5年（略）を経過した日以後においては、することができない。」と規定され、1号に「更正又は決定　その更正又は決定に係る国税の法定申告期限（還付請求申告書に係る更正については当該申告書を提出した日とし、還付請求申告書の提出がない場合にする決定又はその決定後にする更正については政令で定める日とする。）」と規定されています。

＊6　国税通則法70条4項に「次の各号に掲げる更正決定等は、第1項又は前項の規定にかかわらず、第1項各号に掲げる更正決定等の区分に応じ、同項各号に定める期限又は日から7年を経過する日まで、することができる。」と規定され、1号に「偽りその他不正の行為によりその全部若しくは一部の税額を免れ、又はその全部若しくは一部の税額の還付を受けた国税（略）についての更正決定等」と規定されています。

＊7　確定申告には条件付きや仮の意味はなく、申告通りの税額が確定することを述べた判決があります（最高裁昭和57年1月19日第三小法廷判決・税資122号1頁、広島高裁岡山支部平成2年4月19日判決・訟月37巻8号1297頁）。

けることは少なく、法人の場合でも、実調率は3％程度で、それほど高くはない現状があります。過去のデータもふくめた推移は、230頁の表の通りです。

もっとも、国税当局はそうしたなかでの公平感を大事にしています。過去に不正があった企業はKSK（国税総合管理）というシステムで調査をされやすくなり（第2章参照）、大企業になると数年に1回は税務調査があります。

また、不正が多いといわれる業種の統計データが国税庁により（査察情報ではありますが）毎年発表されており、[*8]そうした業種については、特に重点的に税務調査がなされています。

国税庁公表の資料によれば、「平成28年度に告発した査察事案で多かった業種は、『建設業』が30件、『不動産業』が10件でした。」、「急速に市場が拡大している太陽光発電関連事案や震災復興関連事案などに対しても積極的に取り組み、多数の事案を告発しました。」と発表されています。[*9]具体的なデータとして、次のような統計も公表されています。

＊8　毎年度ごとに「査察の概要」という統計データが国税庁より公表されています。
＊9　国税庁「平成28年度　査察の概要」（平成29年6月）「4　告発事件の概要」。

◎告発の多かった業種

平成26		平成27		平成28	
業種	者数	業種	者数	業種	者数
不動産業	16	建設業	15	建設業	30
クラブ・バー	10	不動産業	12	不動産業	10
建設業	8	クラブ・バー	7	金属製品製造	5
運送業	4	機械器具卸	6	商品、株式取引	5
広告業	4	—	—	運送業	4

（注）同一の納税者が複数の税目で告発されている場合は１者としてカウントしている。
出典：国税庁「平成28年度　査察の概要」（平成29年6月）

◎不正発見割合の高い10業種（法人税）

順位	業種目	不正発見割合(%)	不正1件あたりの不正所得金額(千円)	前年順位
1	バー・クラブ	66.3	14,388	1
2	大衆酒場・小料理	43.1	6,097	—
3	パチンコ	32.7	48,946	2
4	自動車修理	29.3	2,889	8
5	廃棄物処理	28.9	17,647	4
6	土木工事	27.4	10,637	7
7	一般土木建築工事	26.8	10,646	5
8	職別土木建築工事	26.5	9,996	6
9	貨物自動車運送	26.3	12,745	9
10	再生資源卸売	26.0	11,483	—

出典：国税庁「平成27事務年度　法人税等の調査事績の概要」（平成28年11月）

TAX LAW 3

青色申告とは？

このように、「自分で申告をして税額を確定させる」となると、不正をする人が出てくるため、税務調査の必要があるのです。同時に、申告納税制度を定着させるためには、帳簿を備え付けて取引を記録し、その帳簿書類を保存することを、納税者が自発的に行う環境が整っていなければなりません。

後で調査するといっても、取引が記録されておらず、帳簿も保存されていなければ調査のしようがありませんよね。そこで、これらは、納税者自身にやってもらうことが前提になります（それをサポートするために「税務に関する専門家」としての税理士がいます。税理士制度も、申告納税制度を支えるものです[*1]）。

しかし、戦前には記帳の習慣が日本にはありませんでした。そこで、戦後に申告納税制度を採用した後、これを定着させる必要が出てきました。こうして、シャウプ勧告に基づき導入されたのが、「**青色申告**（blue return）」という制度です。青色申告は申告書が青色をしていました。「青空のような色」とは、シャウプ博士の言葉です。一般の申告書は紙が白だったので、

「白色申告《しろいろ》」と呼ばれています。では、青色申告とは何でしょうか。

■青色申告のメリットは？

青色申告とは、申告納税制度を日本に定着させるために、納税者にアメを与えるものです。納税者に税の特典（優遇）を与えることで、申告納税制度を定着させ、これを維持していこうと考えられたのです。

具体的には、青色申告をするためには、税務署に申請して税務署長の承認を得る必要があります（所得税法143条、法人税法121条1項）。承認を得ることができれば、青色申告で申告納税することができますが、その対象はすべてではありません。後でお話しますが、所得

＊1　シャウプ勧告では、公認会計士の必要性も強調しています。具体的には、「われわれの勧告する税制改革の長期的成功には日本における公認会計士の発達が肝要である。今日、日本にはこのような会計士は非常に少い。しかし今度公認会計士の資格に関して、新に制定された法律は相当標準の高い試験を行う限り、近い将来もっと発展する可能性がある。」と述べられています〔前々項の注5〕181頁）。1927年（昭和2年）に計理士法（昭和2年法律第31号）に基づき計理士制度がありましたが、1948年（昭和23年）に公認会計士法（昭和23年法律第103号）が制定され、あらたに公認会計士の資格が生まれました。計理士の新規登録はできなくなりましたが、1967年（昭和42年）3月まで計理士も存続しました。

税の青色申告は、不動産所得、事業所得、山林所得に限り可能になっていますし、法人税にも青色申告はありますが、申告納税制度が定着した後に創設された消費税に青色申告はありません。

青色申告になると、さまざまな税のメリットを得ることができます。まず、青色申告者であることだけで、当然に得られる所得金額からの控除があります（**青色申告特別控除**）[*2]。それから、たとえば会社などの法人の場合は「**繰越欠損金**《くりこしけっそんきん》」といって、過去に出た赤字（マイナス分）を翌事業年度以降に黒字になったときに相殺できる制度があります（**欠損金**《けっそんきん》**の繰越**《くりこし》**控除**《こうじょ》（法人税法57条））。こうした繰越欠損金の控除なども、青色申告であることが前提になっています[*3]。

このように青色申告にはアメがあるわけですが、同時にムチもあります。ムチというのは、青色申告の承認を得た者には、帳簿を備え付けて取引を記録して、帳簿書類を保存する義務が課されます（所得税法１４８条１項、法人税法１２６条１項）。そして、その義務を怠ったことがわかった場合には、青色申告の承認が取り消されます[*4]。

■推計課税とは？

青色申告の場合、「帳簿書類を調査し、その調査によりこれらの金額の計算に誤りがあると認められる場合に限り」更正できる、とされています（所得税法155条1項、法人税法130条1項）。

また、青色申告の特典として、「**推計課税ができない**」というものもあります。[*5] 推計課税とは、

＊2　最高65万円（正規の簿記の原則に従い取引を記録している場合）または10万円（それ以外の場合）を所得金額から控除できるのが、青色申告特別控除です（租税特別措置法25条の2）。

＊3　所得税の場合は、青色申告の特典として、「純損失の繰越控除」があります（所得税法70条）。

＊4　所得税法150条1項に「第143条（青色申告）の承認を受けた居住者につき次の各号のいずれかに該当する事実がある場合には、納税地の所轄税務署長は、当該各号に掲げる年までさかのぼつて、その承認を取り消すことができる。この場合において、その取消しがあつたときは、その居住者の当該年分以後の各年分の所得税につき提出したその承認に係る青色申告書は、青色申告書以外の申告書とみなす。」と規定され、「次の各号」として、1号「その年における第143条に規定する業務に係る帳簿書類の備付け、記録又は保存が第148条第1項（青色申告者の帳簿書類）に規定する財務省令で定めるところに従つて行なわれていないこと」、2号「その年における前号に規定する帳簿書類について第148条第2項の規定による税務署長の指示に従わなかつたこと」等が規定されています。また、法人税法127条1項にも、同旨の規定があります。

＊5　所得税法156条には「税務署長は、居住者に係る所得税につき更正又は決定をする場合には、その者の財産若しくは債務の増減の状況、収入若しくは支出の状況又は生産量、販売量その他の取扱量、従業員数その他事業の規模によりその者の各年分の各種所得の金額又は損失の金額（その者の提出した青色申告書に係る年分の不動産所得の金額、事業所得の金額及び山林所得の金額並びにこれらの金額の計算上生じた損失の金額を除く。）を推計して、これをすることができる。」と規定されています。推計課税の規定ですが、かっこ書をみると青色申告は除外されています。法人税法131条にも同旨の規定があります。

同業他社の売上などの平均値をもって、実際の納税者の売上などとは関係なく、「これぐらいの売上があっただろう」と認定されて課税されるという制度です。

これだけを聞くと、「なぜ、そんなに乱暴な制度があるのか」と思われるかもしれません。しかし、申告納税制度を前提にしたときに、「帳簿をつけない、つけた帳簿を捨ててしまう、隠してしまう」といった、ずるい納税者が現われる可能性があります。

税務調査を行っても、「帳簿はありません、つけていたけどなくしてしまいました」となると、その納税者の売上や必要経費が、まったくわからないことになります。これでは課税できなくなり、不正をした者勝ちになってしまいます。

しかし、課税処分を行うためには、課税庁が立証責任を負うと考えられています。課税をする側が、「その納税者のこの税額が適切だ」ということを立証しなければなりません。

立証するためには、その帳簿やいろいろな取引の記録をみなければいけませんが、「それがない、ありません」となると、課税できなくなってしまいます。これでは、まじめに記帳して申告をして税金を払っている納税者が損をするだけになってしまいます。

そこで、「**推計課税**」という制度があるのです。帳簿がなく取引の記録を確認できない納税者がいた場合には、推計で課税できるということです。

もっとも、青色申告の承認を受けている納税者は、記帳をして帳簿を保存することが義務になっています。そこで、「推計課税はできない」という特典が、青色申告にはあるのです。

しかし、実際に青色申告の承認を受けていても、帳簿をつけていなかったことや、保存していなかったことが税務調査で発覚した場合、先ほどお話しした通り、青色申告承認の取消事由にあたります。この場合、承認が取り消されるのと同時に、白色申告だったということになるので推計課税がされます。

「青《あお》取消し、推計課税、重加《じゅうか》」といった重いペナルティーが課せられるという三本立てで、悪質な業者に対しては課税がされることがあります。重加とは、重加算税のことです。隠ぺいや仮装を行うなど悪質な場合に、この後にお話する各種加算税よりさらに重い本税の35％（原則）の加算税が賦課されるものです（国税通則法68条1項）。

■本税とは？

税務調査で追徴課税される場合、過少な申告をしていた納税者や申告すらしていなかった納税者は、本来納付すべき税額を納める義務を負うことになります。また、源泉徴収を怠っていた会社は、本来徴収して納付すべき源泉所得税を納付すべきことになります。

これらはいずれも、本来納めるべきだった税金であるため、「**本税**《ほんぜい》」といいます。もし、後で発覚した場合に「本税だけ収めればいいんだ」となれば、最初は低めに納税しておいて、あるいは、最初は申告（納税）すらしないで、「税務調査がきて指摘されたら、そのときに納めればいい」となってしまいますよね。

実際に実調率が低いことを考えると、「何もしないほうが得をする」ということになってしまいます。これではだれも正直に申告・納税しません。

■追徴課税（加算税）の種類

そこで、「**加算税**」という制度が採用されています。加算税とは、行政制裁（行政上の措置）であり、ペナルティーの性質をもつものです。

ストック・オプション訴訟のお話をしたときに、加算税を賦課すべきかが争点になった判決を紹介しました（第2章、第3章参照）。刑事罰ではありませんが、行政上の制裁・ペナルティーになっていて、本税とは別に、ペナルティーとしての税金（加算税）を納めなければなりません。こうして、申告納税制度が万全となるのです。

加算税には、大きく分けて3つの種類があります。

先ほどお話したように、過少な申告をしていた場合は更正処分がされますが、同時に加算税として、「**過少申告加算税**」が賦課されます（国税通則法65条1項）。これは、原則として本税の10％を余分に納めなければなりません。

また、申告すらしていない場合は決定処分がなされるといいましたが、同時に「**無申告加算税**」が賦課されます（国税通則法66条1項）。これは、申告していたけど過少だった場合より悪質なので、原則として本税の15％とされ、納めるべき加算税の額が多くなっています。

それから、源泉徴収もれがあった場合には納税告知処分がされるといいました。後でお話しますが、源泉徴収は申告書を提出するものではないので、「申告すべきだった」ということではなく、「納付すべきものを怠っていた」ということになるので、「**不納付加算税**」が賦課されます（国税通則法67条1項）。これは原則として本税の10％になっています。

これらの3種の加算税は原則的なものですが、過少申告・無申告・不納付のいずれの場合でも、悪質な場合（隠ぺいまたは仮装がある場合）には、これらに代えて「**重加算税**」（原則として本税の35％）が賦課されます。

こうした加算税の賦課決定処分が本税の処分（更正、決定、納税告知）とともに行われるのが、一般に「**追徴課税**」と呼ばれものです。

追徴課税の場合は、加算税のほかに「**延滞税**」という、納付が遅れたことに対する遅延損害金（遅延利息）のようなものも納める必要があります。[*6]

こうした加算税と延滞税を、本税に附帯（付随）して課される税金という意味で「**附帯税**《ふたいぜい》」といいます。

これらの附帯税は、シャウプ勧告に基づき、1950年（昭和25年）から、「加算税額」[*7]（現行の加算税）、「利子税額」[*8]（現行の延滞税）が導入されました。

これらの附帯税は、1947年（昭和22年）に申告納税制度が導入されたことにより規定されたもので、当初は、追徴税（1950年〔昭和25年〕から加算税額）、加算税（1950〔昭和25年〕から利子税額）としてスタートしました（申告納税制度が導入される前の賦課課税の時代には、督促状に指定した期日以後の利息について延滞金があるのみでした）。

脱税に対する制度も導入された

日本に申告納税制度を定着させるために導入された制度としては、ほかに「**脱税に対する刑事罰**」もあります。

戦前は脱税に対する刑事罰に懲役刑がありませんでした。しかし、ずるい納税者が現われる可能性がある申告納税制度をかくたるものにするためには、これまでお話ししてきた、税務調査、加算税といった制度のほかに、脱税に対する懲役刑も入れるべきとの勧告がありました。

シャウプ税制報告書には「所得税の罰則に関する現行制度は徹底的に改正を要する。当然罰則があるべきところに全然ない」こと、「もし提出の遅延が故意の怠慢によるものであれば、刑事犯としてその納税者を起訴することができるような規定を設けるべきである。現在は、申告書を期限内に提出しない場合に対する罰則は全然ない」ことが述べられています。[*9]

脱税を刑事罰として罰する法改正は、GHQ（連合国軍最高司令官総司令部）から強い要請があり、1947年（昭和22年）には、脱税に対する罰則として、これまでなかった懲役刑が導入されました（改正前は「逋脱《ほだつ》シタル税金ノ3倍ニ相当スル罰金又ハ過料ニ処ス」という過料と罰金の刑事罰があるのみで（自首した場合は罪を問わない自首不問の規定までありましたが、同改正で廃止されました）、その適用例もほとんどありませんでした）。

＊6　国税通則法60条1項には「納税者は、次の各号のいずれかに該当するときは、延滞税を納付しなければならない。」と規定され、1号に「期限内申告書を提出した場合において、当該申告書の提出により納付すべき国税をその法定納期限までに完納しないとき。」、2号に「期限後申告書若しくは修正申告書を提出し、又は更正若しくは第25条（決定）の規定による決定を受けた場合において、第35条第2項（期限後申告等による納付）の規定により納付すべき国税があるとき。」、3号に「納税の告知を受けた場合において、当該告知により納付すべき国税（第5号に規定する国税、不納付加算税、重加算税及び過怠税を除く。）をその法定納期限後に納付するとき。」、5号に「源泉徴収による国税をその法定納期限までに完納しないとき。」と規定されています。

＊7　当時は、過少申告加算税額、無申告加算税額、源泉徴収加算税額、重加算税額という名称でしたが、1962年（昭和37年）の国税通則法制定によって、現行の加算税制度に整理されました。

＊8　1962年（昭和37年）の国税通則法制定により、延滞税になりました。

＊9　前々項の注5・179〜180頁。

また、1948年（昭和23年）に「間接国税犯則者処分法[*10]」が「国税犯則取締法[*11]」に名称を変え[*12]、脱税が疑われる者に強制調査のできる「**査察制度**」もこのとき発足しました。

脱税については、現在でも厳しい刑事罰が規定されています。脱税の構成要件や罰則は、それぞれの税法（租税実体法）に規定されています。現行の所得税法では、第6編（238条〜243条）に「**罰則**」の規定があり[*13]、たとえば、同法238条1項には、次のような規定があります。

> 第238条　偽りその他不正の行為により、第120条第1項第3号（確定所得申告）（略）に規定する所得税の額（略）若しくは第172条第1項第1号若しくは第2項第1号（給与等につき源泉徴収を受けない場合の申告）に規定する所得税の額につき所得税を免れ、又は第142条第2項（純損失の繰戻しによる還付）（第166条において準用する場合を含む。）の規定による所得税の還付を受けた者は、10年以下の懲役若しくは1000万円以下の罰金に処し、又はこれを併科する。

■〈補足〉青色申告のもう1つの特典

青色申告としての特典は、もう1つあります。

たとえば、同居している夫婦で旦那さんが個人事業を行っており、奥さんがその事業を手伝っている場合があるでしょう。そして、事業を手伝っている奥さんに対して、個人事業主である旦那さんが、その対価として給与を支払うことがあります。

この点について、所得税法56条という規定があります。この56条は、生計を一《いっ》にする配偶者等の親族に対して、その事業に従事した対価として支払った給与がある場合に適用されます。第三者に支払った給与であれば、事業所得の金額を計算する際に必要経費として控除できるはずですが、56条が適用されるとそれができなくなります。

戦前の日本は、「**世帯単位課税**」といって、課税単位（だれを1つの単位としてみて所得税を課すかの問題）を世帯でとらえていました。戦後、個人主義を掲げる日本国憲法の下で、**個人単位課税**が原則になりました（個人1人ひとりを単位として所得税が課される仕組みです）。

しかし、この所得税法56条はその例外にあたり、事業者などが生計を一にする配偶者等の親

＊10　明治33年法律第67号。間接国税犯則者処分法（明治23年法律第86号）が、明治33年改正で全部改正されたものでした。
＊11　国税犯則取締法の規定は、２０１７年（平成29年）改正で、国税通則法に編入されました。
＊12　昭和23年法律第１０７号による改正。
＊13　法人税法１５９条～１６３条、相続税法68条～71条、消費税法64条～67条にも、罰則の規定があります。

族に給与等を支払、家庭内で所得を分割し、高い累進税率の適用を免れる行為（租税回避）を防止するために作られました。

もっとも、青色申告で、かつ、奥さんが旦那さんの事業をもっぱら手伝っているという「**青色事業専従者**」になっている場合には、「労務の対価として相当と認められるものであれば、必要経費に算入できる」という青色申告の特典があります（**青色事業専従者給与**（所得税法57条1項））。

白色申告の場合でも、「事業専従者」であれば必要経費に算入できる金額が一応法律で規定されていますが（**事業専従者控除**（所得税法57条3項））、法律が定めている金額しか控除できません。

青色申告であれば、「実際に支払った金額を（対価として相当であれば）控除できる」という特典があるのです。

青色申告の申告納税者は245万人いますが、青色事業専従者のある者の割合は24・1％（事業所得者だけでみると45・0％）で、青色事業専従者1人あたりの平均給与額は239万円です。[*14] また、青色申告以外の申告納税者のうち、事業専従者控除の適用を受けている者の割合は3・1％（事業所得者だけでみると14・4％）になっています。

■青色申告と白色申告の特徴

青色申告と白色申告については、自分で税務署に申請して青色申告の承認を受ければ青色申告者になることができますが、それをしなければ白色申告者となります。「何もしなければ白色申告者」なので、事業所得者である個人事業主は、青色申告にするかどうかを選択できます。

すでにお話した通り、そもそも青色申告ができる所得は限定されています。日本の所得税法では所得を性質に応じて10種類に分けているという話をしました（第2章参照）。そのうち青色申告が認められるのは、「不動産所得」と「事業所得」と「山林所得」の3つに限られています（「不《ふ》」「事《じ》」「山《さん》」と覚える人もいます）。

また、青色申告の制度があるのは、所得税と法人税に限られています（消費税にはありません）。法人の場合は、青色申告をしている者が統計上、約99％ですが、[*15] 個人事業主で所得税の青

＊14 国税庁長官官房企画課「平成27年分 申告所得税標本調査－調査結果報告－税務統計から見た申告所得税の実態」（平成29年2月）31頁。

＊15 国税庁長官官房企画課「平成27年度分 会社標本調査－調査結果報告－税務統計から見た法人企業の実態」（平成29年3月）。

色申告を行っているのは約59％で、白色申告者も約41％います。[16]

消費税も申告納税ですが、そもそも消費税の納税義務を負う事業者には、記帳の義務が法律上課されています。[17] 記帳をしていないと、消費税の「仕入税額控除」（事業者が消費税額を計算するにあたり、課税売上から仕入れに支払った消費税を引くこと）ができない制度になっています。

なお、所得税についても、平成23年（２０１１年）改正[18]で、白色申告者にもすべての事業者に記帳義務が課せられるようになりました（**白色申告者の記帳・記録保存制度**（所得税法２３２条1項））。

従前は、所定の基準日に、前々年分または前年分における不動産所得、事業所得、山林所得の金額が合計３００万円を超える場合に、簡易な方法による記録と帳簿保存の義務が課されていましたが、平成23年（２０１１年）改正で対象に制限がなくなったのです。

改正により所得金額による制限はなくなりましたが、青色申告者と異なり、簡易な方法により記録し、帳簿を保存すればよいとされています。また、平成23年（２０１１年）改正で、青色申告者に対する更正処分の場合にのみ認められていた**理由附記**が、白色申告者にも認められるようになりました。[19]

戦後、申告納税制度を定着させるために導入された青色申告制度により、その手段として使われた目的については十分に達成されたといえます。そして現代は、次なるステージに移行しています。国税当局の限られた人員を使って適正な税の執行・徴収を行うため、納税者の側に情報提供を義務づける制度を構築する、という段階です。

近年の改正をみていても、こうした情報提供義務を課す制度が次々と作られています。たとえば、平成24年（２０１２年）改正で導入された「**国外財産調書制度**[*20]」があります。また、平

＊16　事業所得者数（１７０４万人）に占める青色申告者（事業所得者（１０１６万人））の割合で計算しました（国税庁長官官房企画課・前掲注14・14頁、31頁参照）。

＊17　消費税法30条7項本文に「第1項の規定は、事業者が当該課税期間の課税仕入れ等の税額の控除に係る帳簿及び請求書等（略）を保存しない場合には、当該保存がない課税仕入れ、特定課税仕入れ又は課税貨物に係る課税仕入れ等の税額については、適用しない。」と規定されています。

＊18　平成23年法律第１１４号による所得税法の改正。

＊19　国税通則法が、不利益な処分に理由の記載を求める行政手続法の規定を適用除外としていたのですが、その除外がなくなりました（同法74条の14第1項）。青色申告者に対する更正処分に理由附記が求められるのは、現行法でも同様ですが、もともと、理由附記については青色申告の特典というよりも、適正手続の保障の観点からは本来当然のことである、という指摘もなされていました。

＊20　国外送金等調書法（正式名称は「内国税の適正な課税の確保を図るための国外送金等に係る調書の提出等に関する法律」（平成9年法律第１１０号））5条、6条、10条。居住者（非永住者を除く。）で、その年の12月31日に、その価額の合計額が５０００万円を超える国外財産を有する者は、その財産の種類、数量及び価額その他必要な事項を記載した国外財産調書を、翌年の3月15日までに提出しなければならない制度です。

成27年（2015年）改正で導入された「**財産債務調書制度**」[*21]も挙げられます。さらに、まだ実現はしていませんが、租税回避行為に関与した税理士に報告義務を課す制度（**租税回避スキーム報告制度**）の導入も検討されています。

＊21　国外送金等調書法6条の2。所得税等の確定申告書を提出しなければならない者で、その年分の退職所得を除く各種所得金額の合計額が2000万円を超え、その年の12月31日に、その価額の合計額が3億円以上の財産又はその価額の合計額が1億円以上の国外転出特例対象財産を有する者は、その財産の種類、数量及び価額並びに債務の金額その他必要な事項を記載した財産債務調書を提出しなければならない制度です。

TAX LAW 4

源泉徴収制度と年末調整の仕組みとは？（賦課課税制度）

申告納税制度の対《つい》の概念は、前述の「賦課課税制度」です。戦前に採用されていた賦課課税制度は、税務署長が納税者の税額を確定するもので、税務署の労力がかかるものでした。現在の日本の国税で賦課課税が採られているのは加算税などですが、加算税はそもそも納税者が自ら正しい申告や納付をしないからこそ賦課されるものなので、税務調査によらざるを得ません。

■アメリカなども申告納税制度を採用している

日本は申告納税制度を採用していますが、ドイツやフランスなどは賦課課税制度を採用しています。イギリスやアメリカも、日本と同様に申告納税制度を採用しています。アメリカの大統領の申告書などは、公表されていてみることもできます。日本とアメリカの申告納税制度には異なる点があり、それが日本の制度の特徴的な部分になっています。

今までお話してきたように、日本の場合、原則として申告納税が採用されています。**所得税、法人税、消費税、相続税など、国税の大きな柱となる４つの税目は、すべて申告納税制度が採用されています。**しかし実際には、「私は申告していない、私の周りにも申告している人はいない」というのが、多くの読者の方の実感かもしれません。もちろん、事業をやっている方であれば、「私は申告をしているけど」と思われるかもしれません。

■納税義務はいつ成立・確定するのか？（源泉徴収制度）

ビジネスパーソンや公務員などの給与所得者の場合、実際に申告をしている人数というのは、とても少ないのです。

その理由を説明しましょう。日本の申告納税制度では、給与所得者に給与を支払う際、**会社がそこから源泉所得税を天引《てんび》きし、これを翌月の10日までに税務署に納める**という形をとっています。つまり、給与所得者が本来納めるべき税金を会社が代わりに納める仕組みになっていて、所得税が**前取《まえど》り**されているのです。

前取りになっている理由は、「納税義務はいつ成立するのか」という問題と関連しています。（源泉所得税を除いた申告）所得税の納税義務は、「暦年《れきねん》の終了の時に成立する」と国税通則法で規定されています。暦年（カレンダー・イヤー）とは、暦《こよみ》（カレンダー）のことです。12月

31日にその1年分の所得税の納税義務が成立しますが、[*1] あくまでこれは抽象的な納税義務です。いつ具体的に確定するのかというと、翌年の3月15日までに確定申告をしたときになります。これが、申告納税制度のもとでの所得税の税額確定の本来の手続と考え方です。

その年の1年分の納税義務が成立するのは12月31日のはずなのに、給与所得者の場合、給与をもらう時点で先に前取りとして源泉徴収されます。このような前取りの仕組みが、「**源泉徴収制度**」です。納税者は先に所得税を納めた形になりますが、実際のその1年の納税義務は、さまざまな控除などをふまえたうえで、最後に確定されることになります。

たとえば、生命保険契約を締結し保険会社に支払った保険料を控除できる（生命保険料控除）、所定の所得制限におさまる配偶者がいる場合に控除ができる（配偶者控除）、寄付をしたので寄付の控除ができる（寄附金控除）など各種の所得控除がありますが（第2章参照）、そうしたものも控除した金額（課税総所得金額）に税率を適用することで（税額控除がある場合にはさらに税額控除もしたうえで）、1年分の所得税の納税義務が成立します。

＊1　国税通則法15条2項に「納税義務は、次の各号に掲げる国税（略）については、当該各号に定める時（当該国税のうち政令で定めるものについては、政令で定める時）に成立する。」とあり、1号に「所得税（次号に掲げるものを除く。）暦年の終了の時」と規定されています。

年末調整の仕組み

さらに、日本の所得税法では、会社が「**年末調整**」を行う仕組みが併用されています（所得税法190条）。日本の源泉徴収制度の最たる特徴です。つまり、給与所得者である納税者は、お金をもらう時点ですでに前取りとして所定の税金を納めることになり、**それが納めすぎ、あるいは納めるのが不足していたときは、年末に会社が調整をしなければならない**のです。

納めすぎであれば、税務署から還付を受けた会社がそれを従業員（給与所得者）に還付します（所得税法191条）。逆に不足している場合には、会社が次の給与を支払うときにその分の源泉徴収を行って、それを税務署に納めます（所得税法192条）。

こうして、給与所得者である納税者は、申告納税制度が採用されているはずなのに、自分では一切申告をする機会がないままに、所得税を納めることができるのです。

もっとも、これは給与所得者の全員にはあてはまるものではありません。1年間の給与の支払が2000万円を超える場合や、あるいは2か所から給与をもらっていてその所得金額が20万円を超える場合は、申告をしなければなりません。[*2]

しかし実際には、2か所から給与をもらっている人はそう多くはいないでしょうし、2000万円以下の給与の支払を受けている人については申告不要となっているため、これらに該当し確定申告が必要になる給与所得者の数は少ないのです。

日本では、約5600万人の給与所得者がいるといわれていますが、[*3]実際に申告をしている給与所得者数となると、平成27年（2015年）分で243万人ですし、そもそも所得税の申告納税者の数は633万人しかいません。[*4]所得税の税額をみても、平成27年（2015年）分は5兆8672億円あるのですが、その内訳をみると、源泉徴収税額は2兆8913億円、申告納税額は2兆9758億円という状況です。[*5]

アメリカの場合は申告納税制度が採られ、源泉徴収はありますが、年末調整はありません。「みんなが申告をする」という形で税金を納めています。

この時点で、日本とアメリカでは税に対する意識に温度差があるといわれています。自分たちで申告して税金を納めているアメリカと、基本的には申告をしないで自動的に納税されてい

＊2　所得税法121条に確定申告を要しない場合の規定があり、正確な要件はこの条文に定められています。

＊3　平成27年12月31日現在、5646万の給与所得者数がいると公表されています（国税庁企画課「平成27年分民間給与実態統計調査結果について」平成28年9月）。

＊4　国税庁長官官房企画課・前項の注14・14頁。

＊5　国税庁長官官房企画課・前項の注14・22頁。

る日本国民との間では、税に対する考え方が大きく違うのです。

もちろん、事業を行っている方の場合は別です。また、「医療費控除でお金を戻してもらう」といった還付のときに申告する給与所得者の方もいると思いますが、そうでない多くの給与所得者は確定申告をそもそもしていません。身近にいる会社員の方や、読者の方が自営業でなければご自身のことを考えていただければ、確定申告をしている給与所得者は少ないことがわかるでしょう。こうした日本の申告納税制度と年末調整の仕組みについて、税法学者の三木義一教授（青山学院大学学長）は、次のように指摘されています。[*6]

「……子どもたちは、租税について正確な情報がないまま社会人になり、そこでも給与所得者として税制について知ることなく、源泉徴収と年末調整で一生を過ごすことになる。（略）主権者としての自覚をもって社会の問題を考えるために重要な部分の人たちが、みな給与所得者となってしまっており、それが納税者の大半を占めていることになる。これが戦後70年たっても納税者の大半が主権者としての自覚を欠く大きな原因かもしれない。」

■申告所得税と源泉所得税の納税義務は、別ものと考えられている

所得税（正確には申告所得税）の納税義務は、「暦年の終了時に成立して、3月15日までの

申告のときに確定する」とお話しました。これに対して、源泉所得税の納税義務は会社などの支払者が負いますが、支払のときに成立して、同時に確定します。[*7]

源泉徴収は所得税の前取りになっている、といいました。たしかに前取りとしての側面はありますが、最高裁の判決によれば、会社などの**支払者**が負う源泉所得税の納税義務と給与をもらう従業員などの**受給者**が本来負っている（申告）所得税の納税義務は、まったく別のものだと考えられています。この点について、最高裁判決では次のように述べられています。[*8]

「……所得税法上、源泉徴収による所得税（以下「源泉所得税」という。）について徴収・納付の義務を負う者は源泉徴収の対象となるべき所得の支払者とされ、（略）その納税義務は、

＊6　三木義一『日本の納税者』（岩波新書、２０１５年）61頁、63頁。
＊7　国税通則法15条2項に「納税義務は、次の各号に掲げる国税（略）については、当該各号に定める時（当該国税のうち政令で定めるものについては、政令で定める時）に成立する。」として、2号に「源泉徴収による所得税　利子、配当、給与、報酬、料金その他源泉徴収をすべきものとされている所得の支払の時」と規定されています。そして、同法15条3項には「納税義務の成立と同時に特別の手続を要しないで納付すべき税額が確定する国税は、次に掲げる国税とする。」として、2号に「源泉徴収による国税」が挙げられています。
＊8　最高裁平成４年2月18日第三小法廷判決・民集46巻2号77頁。

当該所得の受給者に係る申告所得税の納税義務とは別個のものとして成立、確定し、これと並存する（略）他方、受給者は、何ら特別の手続を経ることを要せず直ちに支払者に対し、本来の債務の一部不履行を理由として、誤って徴収された金額の支払を直接に請求することができるのである（略）。このように、源泉所得税と申告所得税との各租税債務の間には同一性がなく、源泉所得税の納税に関しては、国と法律関係を有するのは支払者のみで、受給者との間には直接の法律関係を生じないものとされている」

ここまで所得税をメインにお話しましたが、法人税・相続税・贈与税・消費税などについても、納税義務の成立時期について、それぞれ規定があります。[*9]

＊9　国税通則法15条2項の3号に「法人税及び地方法人税　事業年度（連結所得に対する法人税については、連結事業年度）の終了の時」、4号に「相続税　相続又は遺贈（贈与者の死亡により効力を生ずる贈与を含む。）による財産の取得の時」、5号に「贈与税　贈与（贈与者の死亡により効力を生ずる贈与を除く。）による財産の取得の時」、7号に「消費税等　課税資産の譲渡等若しくは特定課税仕入れをした時又は課税物件の製造場（石油ガス税については石油ガスの充てん場とし、石油石炭税については原油、ガス状炭化水素又は石炭の採取場とする。）からの移出若しくは保税地域からの引取りの時」と規定されています。確定時期については、申告納税制度のため、所得税と同じです。

TAX LAW 5

源泉徴収制度はなぜできたのか？

日本ではじめて源泉徴収制度が採用されたのは、1899年（明治32年）[*1]で、第二種の所得（公社債の利子）[*2]に対するものでした。給与に対する源泉徴収制度ができたのは、終戦前の1940年（昭和15年）でした。[*3]そして、現在のような源泉徴収制度にさらに年末調整を加えた仕組みが導入されたのは1947年（昭和22年）[*4]でした。

ここで、源泉徴収制度と申告納税制度の関係を整理したいと思います。

申告納税制度は日本の国税では原則ですが、所得税では例外的に源泉徴収制度が採られていました。一定のお金の支払をする場合に、支払者に源泉徴収義務を課す規定があるからです。

一定のお金の支払の典型例が「**給与等の支払**」です。[*5]そこで給与等を支払う事業者や会社は、

＊1　明治32年法律第17号。
＊2　当時の所得税法では、第一種は法人、第二種は公社債の利子、第三種は個人に対する所得が対象にされていました。
＊3　昭和15年法律第24号。
＊4　昭和22年法律第27号。

源泉徴収義務を負うことになります。

それ以外にも、源泉徴収をしなければならない場合があります。たとえば利子（利子所得）、配当（配当所得）、退職金（退職所得）の支払の場合にも、支払者に源泉徴収義務が生じます。[*6]

給与ではない「報酬」の支払についても、支払者に源泉徴収義務が生じる場合があります。[*7]たとえば、弁護士、司法書士、税理士などへの報酬の支払には源泉徴収義務があります。

ほかにも、職業野球選手、職業拳闘家、競馬の騎手、モデル、外交員、キャバレー・ナイトクラブ・バーなどのホステスなどへ支払う報酬にも源泉徴収義務があります。「計算期間の日数」の意義が争われたホステス源泉徴収事件を第5章で取り上げましたが、ホステスに対する報酬の支払に源泉徴収義務が生じることが前提になっていましたよね。

ほかにも、外国法人や非居住者といって、日本国内に本店や主たる事務所を有しない外国の会社である場合や、日本に住所がないような外国人などにお金を支払う場合にも、支払者に源泉徴収義務が生じるものがあります（**国内源泉所得の源泉徴収義務**）。[*8]

■源泉徴収制度の趣旨・目的とは？

このように源泉徴収制度は、申告納税制度の原則・例外として採用されています。しかし、今お話ししたように、実際にはさまざまな場面で源泉徴収制度が採られています。

企業が税務調査を受ける場合も、源泉徴収もれは指摘がされやすく、調査の項目に挙がりや

＊5　所得税法183条1項に「居住者に対し国内において第28条第1項（給与所得）に規定する給与等（略）の支払をする者は、その支払の際、その給与等について所得税を徴収し、その徴収の日の属する月の翌月10日までに、これを国に納付しなければならない。」と規定されています。

＊6　所得税法181条1項に「居住者に対し国内において第23条第1項（利子所得）に規定する利子等（以下この章において「利子等」という。）又は第24条第1項（配当所得）に規定する配当等（以下この章において「配当等」という。）の支払をする者は、その支払の際、その利子等又は配当等について所得税を徴収し、その徴収の日の属する月の翌月十日までに、これを国に納付しなければならない。」と規定され、同法199条に「居住者に対し国内において第30条第1項（退職所得）に規定する退職手当等（以下この章において『退職手当等』という。）の支払をする者は、その支払の際、その退職手当等について所得税を徴収し、その徴収の日の属する月の翌月10日までに、これを国に納付しなければならない。」と規定されています。

＊7　所得税法204条1項には「居住者に対し国内において次に掲げる報酬若しくは料金、契約金又は賞金の支払をする者は、その支払の際、その報酬若しくは料金、契約金又は賞金について所得税を徴収し、その徴収の日の属する月の翌月10日までに、これを国に納付しなければならない。」と規定され、1号から8号までに源泉徴収義務が生じるさまざまな報酬が規定されています。

＊8　所得税法212条1項に「非居住者に対し国内において第161条第1項第4号から第16号まで（国内源泉所得）に掲げる国内源泉所得（略）の支払をする者又は外国法人に対し国内において同項第4号から第11号まで若しくは第13号から第16号までに掲げる国内源泉所得（略）の支払をする者は、その支払の際、これらの国内源泉所得について所得税を徴収し、その徴収の日の属する月の翌月10日までに、これを国に納付しなければならない。」と規定されています。

すいものの1つになっています。

しかし、源泉徴収義務者としては、本来、自分が納めるべき税額というより、**「支払を受けた受給者が納めるべき税金を代わりに納税してくれる」**という状態です。それにもかかわらず、この源泉徴収義務を怠ると、「不納付加算税」や「延滞税」が課されます。

そうすると、**「お金を支払っただけなのに、なぜ支払を受けた人が本来納めるべき税金を、代わりに納めなければならないのか」**という問題と、**「そもそも源泉徴収制度とは何なのか」**という疑問が出てくるでしょう。

前者は、「源泉徴収制度は、そもそも憲法に違反するのではないか」という問題が提起され、過去に裁判がありました。つまり、源泉徴収義務者と法律が定められている場合にのみ、「お金を払っただけで、納税義務が生ずるという点で不平等ではないか」ということです。

後者の問題としては、「源泉徴収制度とはどのような趣旨・目的なのか」ということです。これは、「徴税を代行させるのは、なぜか」ということです。この点については、次の通りです。

本来、所得を得た者（お金をもらった受給者）から所得税を申告させて納付させるという申告納税制度が原則であり、それを怠っていたら、お金をもらっていた者（受給者）に税務調査を行い、追徴課税するのが本来の原則です。

しかし、給与所得者が約5600万人いることを考えると、毎年の確定申告を1人ひとりやるとなると非常に大変です。そして、この約5600万人の給与所得者1人ひとりに毎年申告をさせ、それを税務署が受け付けるとなると、その事務処理だけでも膨大な量になるでしょう。給与所得者も大変です。

そこで、会社には負担をかけることになりますが、こうした事務の煩雑さを解消するため、支払の際に天引きをして、税務署に納めさせる義務を会社に課すことによって、税金の徴収（徴税）を代行させているのです（**徴税の代行**）。

また、先ほどの国内源泉所得のようなものについては、そもそも日本の徴税権が外国法人や非居住者にはおよびません。そこで、その税の徴収を確実なものにするために、日本の内国法人が支払をする段階で、源泉所得税を納めさせる方法が採られています。

源泉徴収制度は憲法違反か？

徴税を代行させられているにもかかわらず、源泉徴収義務を履行しても手数料ももらえない（お礼もない）、期限までの徴収納付を怠ればペナルティーが課される、ということですから、支払者（源泉徴収義務者）には納得のいかない気分も芽生えるでしょう。

そこで、「源泉徴収制度は、そもそも違憲（憲法違反）ではないか」という主張が、源泉徴収を怠ったとして起訴された刑事被告人からなされた裁判がありました。

具体的には、「財産権を侵害するのではないか」「法の下の平等に反するのではないか」という主張が裁判でなされ、最高裁は昭和37年（1962年）に大法廷で判決を下しました。[*9] 結論としては、「違憲ではない」という判断でした。

その理由としては、まず財産権（憲法29条1項）[*10]の点については、源泉徴収制度はシステムとして合理的であるという判断でした。つまり、受給者（給料の支払を受ける者）にとっては自分で申告も納税もしなくて済むため便利であり、国にとっても税の徴収を代わりにやってもらえるので便利です。

源泉徴収義務者である支払者については、「所定の金額を天引きするだけなので、内容も明確であり、不便でもない」といったことを述べています。源泉徴収義務者にとってのメリットはないとはいえず、[*11] 合理的な制度として「公共の福祉」による制約として許されるし、補償も不要である、という判断でした。具体的には、次の通りです。

「……税徴収の方法としては、担税義務者に直接納入されるのが常則であるが、税によつては第三者をして徴収且つ納入させるのを適当とするものもあり、実際においてもその例は少くない。給与所得者に対する所得税の源泉徴収制度は、これによつて国は税収を確保し、徴税手続を簡便にしてその費用と労力とを節約し得るのみならず、担税者の側においても、申告、納付等に関する煩雑な事務から免がれることができる。また徴収義務者にしても、給与の支払をなす際所得税を天引しその翌月10日までにこれを国に納付すればよいのであるから、利するところは全くなしとはいえない。されば源泉徴収制度は、給与所得者に対する所得税の徴収方法として能率的であり、合理的であつて、公共の福祉の要請にこたえるものといわなければならない。これすなわち諸国においてこの制度が採用されているゆえんである。かように源泉徴収義務者の徴税義務は憲法の条項に由来し、公共の福祉によつて要請されるものであるから、この制度は所論のように憲法29条1項に反するものではなく、また、この制度のために、徴税義務者において、所論のような負担を負うものであるとしても、右負担は同条3項にいう公共のために私有財産を用いる場合には該当せず、同条項の補償を要するものでもない。」

＊9　最高裁昭和37年2月28日大法廷判決・刑集16巻2号212頁。

＊10　憲法29条には「財産権は、これを侵してはならない。」「財産権の内容は、公共の福祉に適合するやうに、法律でこれを定める。」「私有財産は、正当な補償の下に、これを公共のために用ひることができる。」と規定されています。

＊11　実際にはメリットはほとんどないといってもよいものです。メリットとして挙げられるのは、支払時に天引きして徴収したものを、翌月の10日までに税務署に納付すればよいので、その支払から納付までのタイムラグの部分について、運用益（金利）が得られるという点ですが、そのようなわずかな期間において、今日の低金利時代ではそのようなメリットを感じる支払者は少ないと思われます。

また、一般国民と源泉徴収義務者との間の不平等の問題については、支払者と受給者との間に特に密接な関係がある場合の規定であり、そのような者に源泉徴収義務を課しても、不平等とはいえないという判断がなされました。具体的には、次の通りです。

「……法は、給与の支払をなす者が給与を受ける者と特に密接な関係にあつて、徴税上特別の便宜を有し、能率を挙げ得る点を考慮して、これを徴税義務者としているのである。この義務が、憲法の条項に由来し、公共の福祉の要請にかのうものであることは、すでに論旨第一について上述したとおりである。かような合理的理由がある以上これに基いて担税者と特別な関係を有する徴税義務者に一般国民と異る特別の義務を負担させたからとて、これをもつて憲法14条に違反するものということはできない。」

■源泉徴収義務があるかが争われた裁判

最近の裁判で、退職金を配当した破産管財人に源泉徴収義務があるかが争われたものがあります。

会社が破産すると破産管財人が選任されますが、通常は弁護士がなります。この破産管財人が、破産した会社の財産を整理し、それを債権者に平等に配当します。この事件では、破産管財人である弁護士が、破産した会社の元従業員に対して退職金を配当として支払いました。退職金の支払をすると、その支払者に源泉徴収義務が課されます。そこで課税庁は破産管財人である弁護士に、元従業員に対する退職金の支払としての配当をする際に「源泉徴収をすべきなのに、これを怠った」と納税告知処分と不納付加算税賦課決定処分をしたのです。

第1審と控訴審では国側が勝ちました。[*12] しかし、最高裁はこれを逆転させ、「源泉徴収義務はない」との判断を下しました。[*13]

条文上は、退職手当等の支払者に源泉徴収義務を課しているので、支払った事実がある以上、源泉徴収義務があるように形式的にはみえます。[*14]「退職手当等（略）の支払をする者は、その支払の際、その退職手当等について所得税を徴収し、その徴収の日の属する月の翌月10日までに、これを国に納付しなければならない。」と定められていて、「退職手当等……の支払をする者」に破産管財人はふくまれないといった規定はないからです。

＊12　大阪地裁平成18年10月25日判決・訟月54巻2号549頁、大阪高裁平成20年4月25日判決・訟月55巻7号2611頁。
＊13　最高裁平成23年1月14日第二小法廷判決・民集65巻1号1頁。
＊14　所得税法199条の規定については、前掲注6を参照。

しかし、最高裁平成23年判決は、最高裁昭和37年大法廷判決を引用して、「源泉徴収義務とは、支払者と受給者との間に特に密接な関係があることが前提に合憲性が認められていること」、そして、「破産管財人は、会社が破産した破産財団を整理するために裁判所から専任された弁護士であり、元従業員との間に特に密接な関係はないため、源泉徴収義務を負わせることはできない」としました。具体的には、次の通りです。

「……所得税法199条の規定が、退職手当等（略）の支払をする者に所得税の源泉徴収義務を課しているのも、退職手当等の支払をする者がこれを受ける者と特に密接な関係にあって、徴税上特別の便宜を有し、能率を挙げ得る点を考慮したことによるものである（前掲最高裁昭和37年2月28日大法廷判決参照）。

破産管財人は、破産手続を適正かつ公平に遂行するために、破産者から独立した地位を与えられて、法令上定められた職務の遂行に当たる者であり、破産者が雇用していた労働者との間において、破産宣告前の雇用関係に関し直接の債権債務関係に立つものではなく、破産債権である上記雇用関係に基づく退職手当等の債権に対して配当をする場合も、これを破産手続上の職務の遂行として行うのであるから、このような破産管財人と上記労働者との間に、使用者と労働者との関係に準ずるような特に密接な関係があるということはできない。（略）そうすると、破産管財人は、上記退職手当等につき、所得税法199条にいう『支払をする者』に含まれず、破産債権である上記退職手当等の債権に対する配当の際にその退職手当等について所得税を徴収し、これを国に納付する義務を負うものではないと解するのが相当である。」

源泉徴収義務は税務調査でも指摘が多く、裁判で納税者が勝つことが比較的多い分野です。源泉徴収制度は、支払者（源泉徴収義務者）に徴税を代行させる制度です。そこで、「法律の適用は厳格に行わないと支払者に酷だ」、つまり、「源泉徴収義務が発生するのは、法律（所得税法）の規定から明確に読み取ることができる場合に限られるべきだ」という考え方が、裁判所にもあるのだと思います。

第５章で取り上げたホステス源泉徴収事件の調査官解説にも、「源泉所得税は、申告により確定する税ではなく、自動的に税額が確定するものであり、支払者は、この自動的に確定した税額を法令に基づいて自ら算出し、これを支払額から徴収して国に納付すべきものとされていることから（略）からすると、課税要件が一義的に明確なものである必要性はより大きいものと考えられる」と指摘されています。[*15]

＊15　鎌野・第５章２の注13・135頁。

TAX LAW 6

源泉徴収制度の法律関係

■私法と公法の違い

ここで、源泉徴収制度についての法律関係を、簡単に整理しておきましょう。先ほどからお話してきた「支払者」と「受給者」ですが、わかりやすい例でいえば、会社と従業員です。この支払者と受給者との関係は、民法などが適用される民間同士の関係です。これは国との関係ではなく、通常の「**私法**《しほう》」関係になります。

ここに国（税務署）が第三者として登場し、支払者である会社は、国に対して源泉所得税の徴収納付義務を負うことになります。ここでは、国と私人という「**公法**《こうほう》」の関係が出てきます。この三者の関係をどう考えるかという問題があります。

源泉所得税の徴収納付義務は、支払者（会社など）が国に対して負うものです。ここで、支払者が「いや、納得がいかない」となった場合、納税告知処分の取消しを求めて、国に対して不服申立てや訴訟で争うことができます。

◎三者の関係図

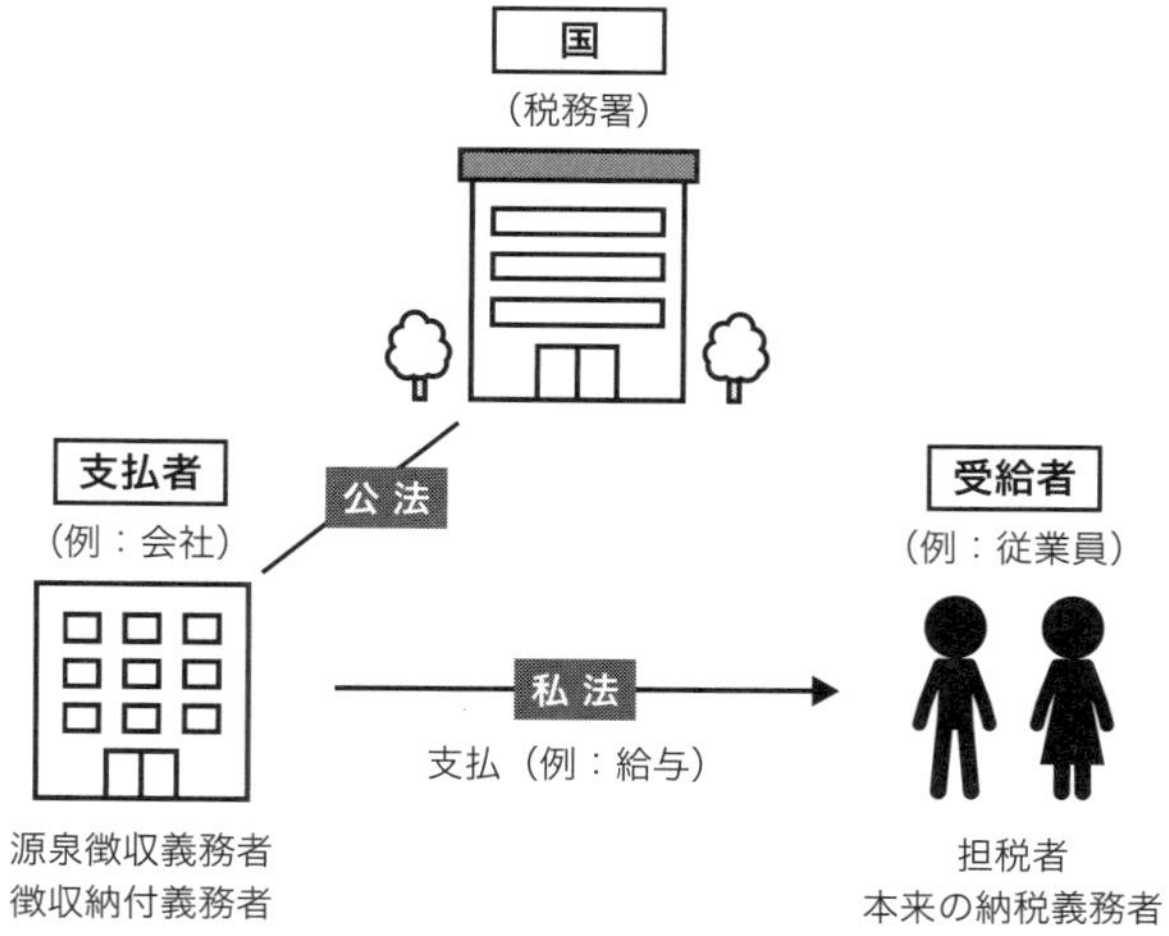

■源泉徴収せずに全額を支払っていた場合

このように源泉徴収もれを指摘された場合、支払者は源泉所得税を天引きしないで、全額を支払ったことになります。

そもそも源泉徴収義務者は、受給者（従業員など）に支払わなければならないお金のなかから所定の税額を国に納めるだけですから、実質的な負担はしていません。

たとえば、30万円の支払をした者（支払者）に10％の源泉徴収義務を課す場合、受給者に27万円を支払い、3万円を翌月10日までに税務署に納めることになりますが、その合計額（30万円）はもともと支払者が受給者に支払うべき金額です。

そこで、本来の納税義務者である受給者を、税負担をする者という意味で「**担税者**《たんぜいしゃ》」ということがあります。

しかし、源泉徴収をしないで給与等の全額を支払っていた場合、あるいは源泉徴収すべき金額について国と納税者の間で見解の相違があり、少なくしか徴収納付をしていなかった場合、後から「納税告知処分」がされると、支払者は国に自らの負担で源泉所得税を納付しなければなりません。

■求償権の規定とは?

ここでおかしなことが起こります。本来、後から納付した源泉所得税は、支払の際に天引きできるものでした。本来の納税義務者は、担税者である受給者です。

そこで、支払者は受給者に対して「**求償**」といって、後から請求できます。立替払《たてかえばらい》をしたことになるため、民法の不当利得返還請求（法律上の原因がない利得を得た者にその利得の返還を請求できることが、民法703条に規定されています）ができるはずですが、所得税法に求償権があることを定めた規定があります。[*1]

この求償請求をされた受給者が、「源泉所得税の納税義務は本来ないのに、なんで税務署のいいなりに納めてしまったのか」と文句をいいたくなる場合もあるでしょう。

しかし、あくまで源泉徴収義務は、国と支払者との間でのみ生じる問題です。したがって、源泉徴収義務がないことを、国との間で直接争うことはできません。

■補助参加と訴訟告知の意味

少し細かい話になりますが、民事訴訟法に「**補助参加**」という制度があります（同法42条）。当事者が裁判で負けると法律上の不利益をこうむる関係者が、その裁判に当事者としてではなく、「参加人」として参加し、一緒に共同戦線を張って戦うことができる制度です。

＊1　所得税法221条に「第1章から前章まで（源泉徴収）の規定により所得税を徴収して納付すべき者がその所得税を納付しなかつたときは、税務署長は、その所得税をその者から徴収する。」と規定され、同法222条に「前条の規定により所得税を徴収された者がその徴収された所得税の額の全部又は一部につき第1章から第5章まで（源泉徴収）の規定による徴収をしていなかつた場合又はこれらの規定により所得税を徴収して納付すべき者がその徴収をしないでその所得税をその納付の期限後に納付した場合には、これらの者は、その徴収をしていなかつた所得税の額に相当する金額を、その徴収をされるべき者に対して同条の規定による徴収の時以後若しくは当該納付をした時以後に支払うべき金額から控除し、又は当該徴収をされるべき者に対し当該所得税の額に相当する金額の支払を請求することができる。この場合において、その控除された金額又はその請求に基づき支払われた金額は、当該徴収をされるべき者については、第1章から第5章までの規定により徴収された所得税とみなす。」と規定されています。

受給者は、この補助参加をして、会社（支払者）とともに国と争うことができます。会社を助ける側にまわって、源泉徴収義務はないということで一緒に争うのです。

争って負けた場合には当事者でないその参加人にも判決の効力は及ぶため（民事訴訟法46条）、負けて会社が求償してきたときに、「いや、あなたには源泉徴収義務はないでしょ」ということは、いえなくなってしまいます。

逆に参加しなかった場合、会社が国と訴訟して負けて源泉徴収義務の求償を請求してきたときに、その受給者が「あなたに源泉徴収義務はなかったでしょう」と争うことはできるのです。[*2]

これを防ぐために、会社としては「**訴訟告知**」という民事訴訟法上の手続を使って、「あなたには裁判に参加する機会があるので、参加したらいかがですか」ということを受給者に告知することができます（同法53条）。受給者は補助参加することを選ぶこともできますし、参加しないことを選ぶこともできます。

しかし訴訟告知がなされると、参加していなかった場合でもその告知をした当事者（告知者）が負けたときに、告知を受けた者（被告知者）に参加の効力が及んでしまいます（民事訴訟法53条4項）。したがって、補助参加した場合と同じように、後で求償されたときに「いや、あなたには源泉徴収義務はないでしょ」ということは、もはやいえなくなります。[*3]

やや細かなお話をしましたが、三者の関係が出てくるので、いろいろと複雑な問題が起きるのです。

■個人でも源泉徴収義務を負うことはある

源泉徴収義務を負う支払者については、これまで会社を典型例としてお話ししてきましたが、

＊2　最高裁昭和45年12月24日第一小法廷判決・民集24巻13号2243頁が「源泉徴収による所得税についての納税の告知は、課税処分ではなく徴収処分であつて、支払者の納税義務の存否・範囲は右処分の前提問題たるにすぎないから、支払者においてこれに対する不服申立てをせず、または不服申立てをしてそれが排斥されたとしても、受給者の源泉納税義務の存否・範囲にはいかなる影響も及ぼしうるものではない。したがつて、受給者は、源泉徴収による所得税を徴収されまたは期限後に納付した支払者から、その税額に相当する金額の支払を請求されたときは、自己において源泉納税義務を負わないことまたはその義務の範囲を争つて、支払者の請求の全部または一部を拒むことができるものと解される」と述べています。

＊3　最高裁昭和45年12月24日第一小法廷・前掲注2も、「支払者は、一方、納税の告知に対する抗告訴訟において、その前提問題たる納税義務の存否または範囲を争つて敗訴し、他方、受給者に対する税額相当額の支払請求訴訟（または受給者より支払者に対する控除額の支払請求訴訟）において敗訴することがありうるが、それは、納税の告知が課税処分ではなく、これに対する抗告訴訟が支払者の納税義務また従つて受給者の源泉納税義務の存否・範囲を訴訟上確定させうるものでない故であつて、支払者は、かかる不利益を避けるため、右の抗告訴訟にあわせて、またはこれと別個に、納税の告知を受けた納税義務の全部または一部の不存在の確認の訴えを提起し、受給者に訴訟告知をして、自己の納税義務（受給者の源泉納税義務）の存否・範囲の確認について、受給者とその責任を分かつことができる。」と述べています。

会社だけが負うものではなく、個人でも、支払者であれば源泉徴収義務を負います。たとえば、弁護士が個人事業主として従業員に給与の支払をすると、源泉徴収義務をしなければなりません。

ただ、源泉徴収義務については、給与や報酬の支払だからと、あらゆる人に源泉徴収義務を課してしまうと負担になることもありますから、例外の規定があります。

給与所得に関する源泉徴収については、「常時2人以下の家事使用人のみに対し給与等の支払する者」であれば、源泉徴収はしなくてよいという規定があります（所得税法184条）。また、報酬の支払についての源泉徴収義務についても、一定の場合には義務を課さない例外規定があります（同法206条）。

特に、「第183条第1項（給与所得に係る源泉徴収義務）の規定により給与等につき所得税を徴収して納付すべき個人以外の個人から支払われるもの」が除外されている点は挙げておきたいと思います。[*4]

たとえば、個人の依頼者が弁護士に報酬を支払う場合には、源泉徴収の規定が適用され源泉徴収義務が発生するはずです。しかし、この例外規定が適用されるため、個人事業主で従業員等に対する給与の支払の際に源泉徴収義務を負っている者でなければ、源泉徴収はしなくてよいことになります。

＊4　所得税法204条2項柱書に「前項の規定は、次に掲げるものについては、適用しない。」とあり、2号で「前項第1号から第5号まで並びに第7号及び第8号に掲げる報酬若しくは料金、契約金又は賞金のうち、第183条第1項（給与所得に係る源泉徴収義務）の規定により給与等につき所得税を徴収して納付すべき個人以外の個人から支払われるもの」と規定されています。

TAX LAW 7

課税と徴収、税を確定させる方式

さて、少し疲れてきたかもしれませんが、第6章も大詰めです。これまで「徴収」といってきましたが、「課税」と「徴収」は、2つに分けて考える必要があります。

課税とは、税金を課すこと、つまり、納税義務者の具体的な税額を確定することです。申告納税制度のもとで税額を確定するためには、納税者が自分で申告することが必要になります。

しかし、申告していない納税者や、申告したけれど税額が少ないということがあるので、税務調査を行った税務署がそれを正し、税額を第二次的に確定する場合があります。これが「課税処分」でした。先ほどのお話でいうと、「更正処分」と「決定処分」は課税処分でした。申告納税制度が前提になっているけれど、これらは例外的に税務署が第二次的に税額を確定する場面なので、課税処分というのです。これが「**課税**」の問題です。

これに対して、税額は確定しているけれど税金を納めない納税者もいます。この場合、確定した税額を前提に、国税当局（税務署）は「徴収」を行うことになります。確定した税額を納税者が自主的に納付しない場合、徴収が必要になります。具体的には、納税者の財産を差し押えたり、公売といって、強制執行や強制換価を行ったりします。これが「**徴収**」の問題です。

課税の問題については「国税通則法」に規定があり、徴収の問題については「国税徴収法」に規定があります。源泉徴収義務を怠った場合には「納税告知処分」がされるといいました。納税告知処分は課税処分ではなく、確定した税額を前提とした徴収処分です。

源泉所得税の納付義務は、支払をした時点で同時に納税義務が成立して確定するもので、申告を前提にしていません。支払った時点ですでに税額は確定しており、確定した税額を納めていないので、「これから徴収を始めます」という告知を支払者にするのが「納税告知処分」です。しかし、この納税告知処分は国税通則法に規定されています。課税についての法律だといいましたが、国税通則法には、徴収の基本的な部分についても規定されています。

■税を確定させる方式は3つある

これまで、「申告納税制度」と「賦課課税制度」、申告納税制度の例外として「源泉徴収制度」があるとお話してきました。税を確定する方式としては3つあります。

1つは、「**申告納税方式**」です。これは、納税者が自分で申告して税額を確定させる方式でした。[*1]

もう1つが、「**賦課課税方式**」です。税務署長が税額を確定する方式です。現在の日本でも、賦課課税方式が採られているものがあります。たとえば、先ほどの加算税は当然申告するものではありませんから、税務署が課すもので、賦課課税方式でした。[*2]
3つ目として、「**自動確定方式**」があります。自動確定方式は、所定の行為をすると同時に、納税義務が成立して確定するものです。[*3]
その典型例が、支払と同時に納税義務が成立して確定する「源泉所得税」です。自動確定方式が採用されているものには、「延滞税」があります。延滞税も、納付の期限を徒過《とか》したという行為によって当然に延滞税が発生して確定するので、これも申告や税務署の決定などが不要であることになります。また、予定納税基準額が15万円以上である場合、その年の所得税および復興特別所得税[*4]の一部をあらかじめ納付する[*5]「**予定納税**」も自動確定方式です。

■住民税についての補足

給与所得者は、1年に2000万円を超えるような給料や2か所から給料をもらっていない限り、申告をすることなく、会社を通じて税金が納められるといいました。所得に対する課税としては、翌年になるとさらに「**住民税**」も納める必要があります。住民税は地方税です（第3章参照）。

住民税は、所得税に連動して決まる「**所得割**《しょとくわり》」と所得に関係なく一定額が決まる「**均等割**《きんとうわり》」

の2つから構成され、賦課課税で税額が決まります。住民税は、道府県民税（東京都は都民税）と市町村民税（東京都23区は特別区民税）の総称で、市町村（特別区）が一括して賦課徴収します。法人が納める住民税（法人住民税）との対比から、個人住民税といわれます。

給与所得者の読者であれば、「住民税も源泉徴収されているよな」と思われたかもしれませんが、じつは源泉徴収ではありません。本来の納税義務者以外の特定の第三者に「**徴収納付義**

＊1　国税通則法16条1項1号。第6章1の注1参照。

＊2　国税通則法16条1項2号。第6章1の注3参照。

＊3　国税通則法15条3項に、「納税義務の成立と同時に特別の手続を要しないで納付すべき税額が確定する国税は、次に掲げる国税とする。」と規定され、1号で「所得税法第2編第5章第1節（予定納税）（略）の規定により納付すべき所得税（以下「予定納税に係る所得税」という。）」、2号で「源泉徴収による国税」、3号で「自動車重量税」、4号で「印紙税（略）」、5号で「登録免許税」、6号で「延滞税及び利子税」が挙げられています。

＊4　平成23年（2011年）に公布され、平成25年（2013年）から施行された「東日本大震災からの復興のための施策を実施するために必要な財源の確保に関する特別措置法」（平成23年法律第117号）に基づき、源泉徴収義務者が徴収納付義務を負うものです。平成25年（2013年）1月1日から平成49年（2037年）12月31日までの間に生ずる所得について源泉徴収をする際にあわせて徴収納付しなければなりません。

＊5　予定納税基準額の3分の1の金額について、第1期分を7月1日から7月31日までに、第2期分を11月1日から11月30日まで納付することになります。

務」を課すものには、源泉徴収のほかに「**特別徴収**」があります。[*6] 特別徴収は「**普通徴収**」と対の概念（制度）になっています。

普通徴収は、課税庁が自ら税金を徴収する徴収方法です。[*7]

これに対して、所定の者（本来の納税義務者ではない民間の第三者）に特別に徴収義務（税を徴収して納入する義務）を負わせる場合が、特別徴収です。特別徴収とされているものには、個人住民税、軽油引取税、ゴルフ場利用税、入湯税などがあります。

給与所得者の場合、会社や事業主が従業員の個人住民税について特別徴収義務を負うことになり、会社等が給与を支払う際に差し引いてこれを市町村（特別区）に納めることになります。

個人住民税の納税義務は、1月1日に前年分の所得について成立します。[*8] 個人住民税の特別徴収は、会社等が、1年間の住民税を12か月（1年分）で割り、6月から翌年の5月に、給与の支払の際に徴収して市町村（特別区）に納入する制度です。[*9]

市町村（特別区）が、4月1日に給与の支払者（源泉徴収義務者）を個人住民税の特別徴収義務者に指定し、特別徴収義務者（会社等）とこれを通じて納税義務者（従業員等の給与所得者）に通知することで、個人住民税の税額が確定します。[*10]

特別徴収制度についても、合憲性が争われた裁判があります。住民税ではない税金（遊興飲

＊6　地方税法1条1項9号で、「特別徴収」は「地方税の徴収について便宜を有する者にこれを徴収させ、且つ、その徴収すべき税金を納入させることをいう。」とされ、10号で「特別徴収義務者」は「特別徴収によつて地方税を徴収し、且つ、納入する義務を負う者をいう。」と規定されています。

＊7　地方税法1条1項7号で「普通徴収」は「徴税吏員が納税通知書を当該納税者に交付することによつて地方税を徴収することをいう。」と規定されています。

＊8　地方税法318条に「個人の市町村民税の賦課期日は、当該年度の初日の属する年の1月1日とする。」と規定されています。

＊9　地方税法321条の5に「前条の特別徴収義務者は、同条第2項に規定する期日までに同条第1項後段（略）の規定による通知を受け取つた場合にあつては当該通知に係る給与所得に係る特別徴収税額の12分の1の額を6月から翌年5月まで、当該期日後に当該通知を受け取つた場合にあつては当該通知に係る給与所得に係る特別徴収税額を当該通知のあつた日の属する月の翌月から翌年5月までの間の月数で除して得た額を当該通知のあつた日の属する月の翌月から翌年5月まで、それぞれ給与の支払をする際毎月徴収し、その徴収した月の翌月の10日までに、これを当該市町村に納入する義務を負う。ただし、当該通知に係る給与所得に係る特別徴収税額が均等割額に相当する金額以下である場合には、当該通知に係る給与所得に係る特別徴収税額を最初に徴収すべき月に給与の支払をする際その全額を徴収し、その徴収した月の翌月の10日までに、これを当該市町村に納入しなければならない。」と規定されています。

＊10　地方税法321条の4第1項に「市町村は、前条の規定により特別徴収の方法によつて個人の市町村民税を徴収しようとする場合には、当該年度の初日において同条の納税義務者に対して給与の支払をする者（略）のうち所得税法第183条の規定により給与の支払をする際所得税を徴収して納付する義務がある者を当該市町村の条例により特別徴収義務者として指定し、これに徴収させなければならない。この場合においては、当該市町村の長は、前条第1項本文の規定により特別徴収の方法によつて徴収すべき給与所得に係る所得割額及び均等割額の合算額又はこれに同条第2項本文の規定により特別徴収の方法によつて徴収することとなる給与所得以外の所得に係る所得割額（略）を合算した額（以下この節において『給与所得に係る特別徴収税額』という。）を特別徴収の方法によつて徴収する旨（略）を当該特別徴収義務者及びこれを経由して当該納税義務者に通知しなければならない。」と規定されています。

食税）[11]の特別徴収が争われたものですが、最高裁は、次のような理由を示して合憲であると述べています。[12]

「……料理店の実質的経営者が当該道府県条例により一方的に納税義務者と指定され、且《か》つ現実に税を徴収したると否とにかかわらず、当該税額を納入しなければならないとされている点は、いささか重い負担をかける感がないわけではないが、そのような措置を採らなければ、遊興飲食税は徴収の実を挙げることを得ないのであるのみならず、他面、徴税のため煩雑な手続、多くの費用、起り易い紛争を避けることができ、公共の福祉のためになることであるから、真に已むを得ないところと言わなければならない。」

個人住民税は、特別徴収制度によって、会社が代わりに納めることになります。源泉徴収ではないのに、給与明細書をみると住民税が控除されているのは、このような意味です。こうして、地方税である個人住民税も、申告をしないで納税できてしまうのです。

＊11　当時の地方税ですが、２０００年（平成12年）に廃止されました。
＊12　最高裁昭和37年2月21日大法廷判決・刑集16巻2号１０７頁。

TAX LAW

第7章

不服申立て・税務訴訟とは？

TAX LAW 1

不服申立制度の仕組みとは？

最終章にあたる第7章では、納税者の権利を救済する制度についてお話をします。行政機関に対する**不服申立て**と、裁判所に対する**税務訴訟**です。

まず、「**不服申立制度**」についてお話します。申告納税制度のもとでは、納税者が自分で税額を計算した申告書を税務署に提出することで、第一次的には税額が確定するとお話しました（第6章参照）。

もっとも、納税者が申告書を提出した場合であっても、その税額が法律通りであるとは限りません。期限までに申告書を提出しないという納税者も出てきます。

それらを放置してしまうと、いいかげんな申告をした人や申告書を出さない人のほうが得をしてしまいます。しかし、他方で、正確な税額を把握しようと、すべての納税者に対して税務署が税務調査を行うことは、現実の税務署職員が5万人しかいない日本の税務行政ですから困難というほかありません（第2章参照）。

税務調査が入る確率（実調率）は個人の事業主の場合は1％程度ですし、大企業の場合は定期的に税務調査が入りますが、法人全体では3％程度でした（第6章参照）。

税務調査で過少申告が発覚した場合、まずは納税者に対して修正申告を求めます（**修正申告の勧奨**[*1]）。そして納税者がこれに応じない場合、放置することはできませんので、課税処分を行うことになります。これが税務署の対応です。

正確にいうと、申告が過少な場合には「**更正処分**」がなされ、申告をすべきなのにしていなかった場合には「**決定処分**」がなされます。そして、源泉徴収すべきなのに徴収納付をしていなかった場合には「**納税告知処分**」がなされます。

不服申立制度とは？

これらの処分がされたときに、その処分に納得がいかない納税者もいるでしょう。課税庁側

＊1　国税通則法74条の11第2項に「国税に関する調査の結果、更正決定等をすべきと認める場合には、当該職員は、当該納税義務者に対し、その調査結果の内容（更正決定等をすべきと認めた額及びその理由を含む。）を説明するものとする。」とあり、3項に「前項の規定による説明をする場合において、当該職員は、当該納税義務者に対し修正申告又は期限後申告を勧奨することができる。この場合において、当該調査の結果に関し当該納税義務者が納税申告書を提出した場合には不服申立てをすることはできないが更正の請求をすることはできる旨を説明するとともに、その旨を記載した書面を交付しなければならない。」と規定されています。

も、税務調査に入った以上は「不正を見つけなければ」「あるべき税額を認定しなければ」と、増額更正をしたい欲求が高くなっています。少々強引な法の解釈などを行ってでも、「できる限り追徴課税をしなければ」という姿勢が表われるのが実際です。

そうすると、租税法律主義のもとで税法の条文と照らし合わせると、「法律の規定からは課税できないはずなのに、課税処分を受けた」といった事例も出てきます。

このような場合に納税者がどのように争うことができるのかというと、まず、行政庁に対する「**不服申立て**」をしなければなりません。こうした仕組みを「**不服申立前置主義**《ふふくもうしたてぜんちしゅぎ》」といいます。これは、「**行政不服審査法**[＊2]」という法律に基づいて規定されているのですが、行政処分のなかでも国税に関する処分については、「**国税通則法**[＊3]」というさらに特別な法律があります。この2つの法律に争うための方法が規定されています。**この規定通りに争っていかないと、争う権利が失効してしまうのです。**

私人間《しじんかん》の争いであれば、いきなり訴訟を提起することもできます。たとえば、AさんがBさんに300万を貸したけど返さないというケースがあったとします。この場合、消滅時効が完成しない限りは、または完成した後でも「いつ訴訟を提起するか」は貸主、訴えを提起する原告の自由な処分に委ねられています（民事訴訟法では、これを「処分権主義」といいます）。

3年経ってから訴訟を提起しても構わないので、「(貸したお金を）支払え」という訴えをいつ提起するか（そもそも提起をするかしないか）は、権利をもっている人の自由なのです。

ただ、所定の期間が経過すると消滅時効が完成してしまい、債務者の側から消滅時効が援用され、その結果、請求できる権利が消滅する、というリスクはもちろんあります。しかし、いつ訴訟を提起するかは権利をもっている人の自由です。内容証明郵便を送付して請求したり、話し合って交渉をしたりすることもできますし、いきなり訴訟を提起することもできます。

■不服申立制度の仕組み

ところが、課税（徴収もふくみます）に関する行政処分については、こうした私人間の紛争（私的紛争）と異なり、課税権をもっているのは国です（地方税の場合は、地方団体です）。

そこで、課税に関する救済を求めるためには、所定の期間内に、所定の手続を採らなくてはならないのです。そのうえ、いきなり訴訟を提起することは許されておらず、まず、行政庁に対する不服申立てをしなくてはなりません。訴えを提起する権利が、法律によって制限を受けていることになります。この不服申立ての具体的な制度の概要は、次頁の図の通りです。

＊2　平成26年法律第68号。
＊3　昭和37年法律第66号。

◎不服申立制度の概要

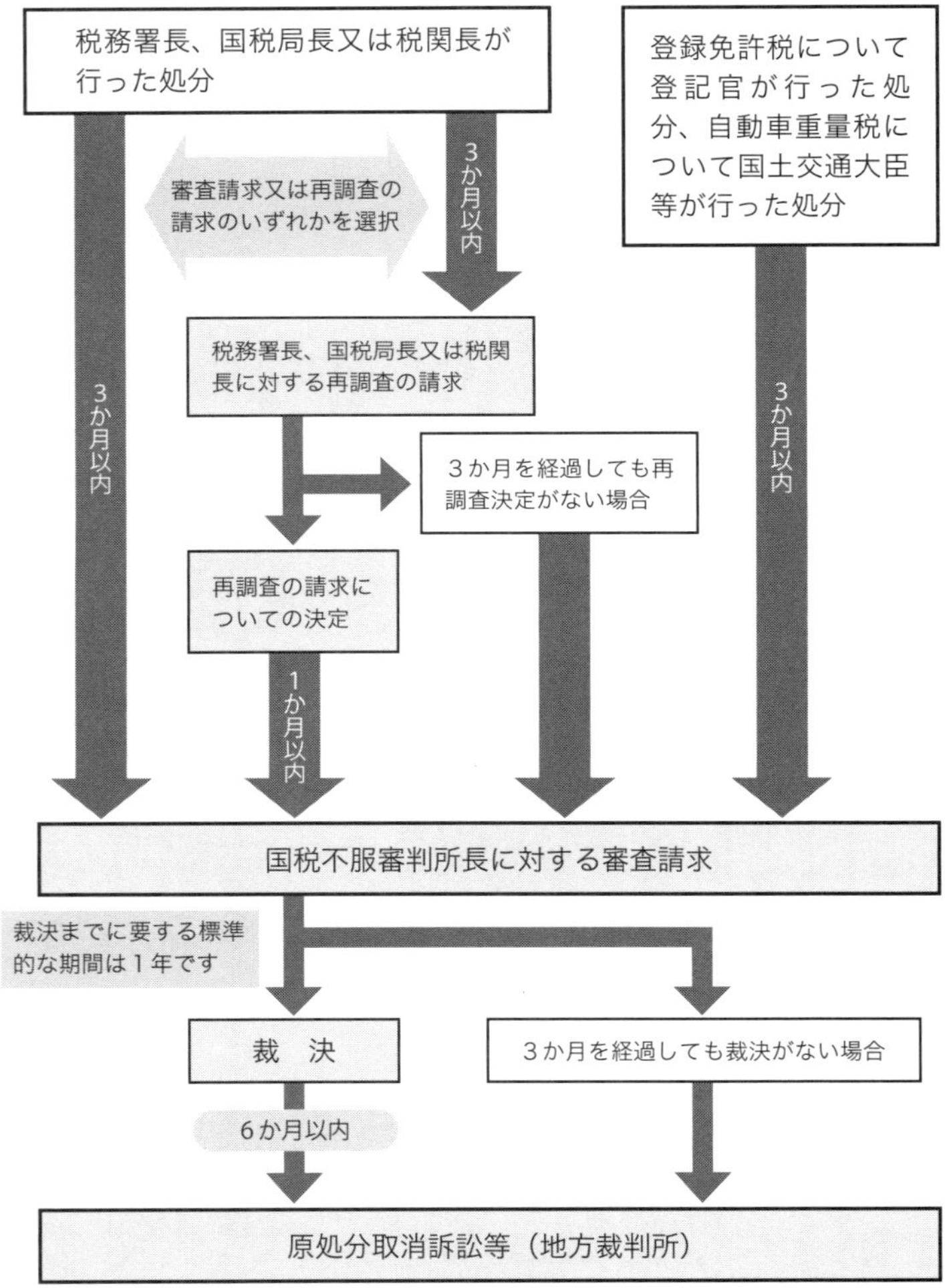

出典：国税不服審判所「国税の不服申立制度の概要図」同 HP

まず、左上にあるように、税務署長等から更正処分などの行政処分がされます。これに不服がある場合には、3か月以内に（左側の矢印が原則です）、「**国税不服審判所長**」に対して「**審査請求**」（不服申立て）を行うことが必要になります。

この期間を徒過してしまうと、正当な理由があるなどの例外的な場合を除き[*4]、基本的には争うことができなくなります[*5]。税理士や弁護士などは、こうした期間制限を前提に、納税者からの相談に応じることが求められます。

国税不服審判所は、東京（霞が関）にある本部のほか、全国に12の支部（札幌、仙台、関東

＊4　国税通則法77条1項に「不服申立て（第75条第3項及び第4項（再調査の請求後にする審査請求）の規定による審査請求を除く。第3項において同じ。）は、処分があつたことを知つた日（処分に係る通知を受けた場合には、その受けた日）の翌日から起算して3月を経過したときは、することができない。ただし、正当な理由があるときは、この限りでない。」と規定されています。

＊5　課税処分（更正処分等）の取消しを求める不服申立てや訴訟の提起ができなくなると、その処分の無効確認を求める訴訟を提起するほかなくなります。しかし、違法と異なり、無効と判断されるためには、一般に瑕疵（誤り）が重大かつ明白であることが必要であると考えられており（重大性だけでよいとした最高裁判決もありますが〔最高裁昭和48年4月26日第一小法廷判決・民集27巻3号629頁〕、重大性要件も違法よりハードルが高いです）、認められるための要件が厳しくなっています。これは法制度自体が、課税処分に対する不服は処分の取消しを求めることで行うべきと考えていることによります（**取消訴訟中心主義**）。

◎特定任期付職員の採用状況

単位：人

採用年度	19	20	21	22	23	24	25	26	27	28
応募者数	39	17	17	51	93	101	76	74	95	96
採用者数	4	1	3	13	15	16	17	14	13	17
新規採用後の在籍者数	4	5	8	18	31	44	50	50	50	49

出典：国税不服審判所「国税審判官（特定任期付職員）の採用について（平成 28 年 7 月）」

信越、東京、金沢、名古屋、大阪、広島、高松、福岡、熊本、沖縄（沖縄の名称は沖縄事務所））と、7つの支所（新潟、長野、横浜、静岡、京都、神戸、岡山）があります。国税不服審判所は、「第三者的機関」だと説明されますが[*6]、実際には国税局が入っているビルの別の階にあったりします。

最近では民間登用を促進するということで、メンバー（国税審判官）は、**コンスタントに約50人（平成28年7月10日現在は49名）が民間の弁護士・税理士などから登用されています**[*7]。基本的には、民間登用の国税審判官は任期つきで2年または3年です。それ以外の審判官は、基本的には国税局の職員が担当しています。民間登用の近年の実績は、上表の通りです。

国税不服審判所は行政機関ですが、裁判所が行う裁判のような第三者的な立場で事実の認定をして、法令の解釈・適用を行って結論を出します。

その結論は、「**裁決**《さいけつ》」という書面で下されます。司法機関である裁判所が行う判断ではないので、判決ではなく裁決という名前になっていますが、実際には「**裁決書**」という判決書と同じような体裁をもった文書が、不服申立てをした納税者（請求人）に送達されることになります。

図にある通り、この裁決は「通常、1年間で結論が出る」という運用がなされています。私もさまざまな審査請求の代理人を行ってきましたが、担当した案件はすべて1年で裁決が出ていました。統計上の数字をみても、ほぼ9割以上のものが1年以内で処理されていて、移転価格税制など、非常に複雑で特殊な期間を要するようなものを除き、ほぼ原則として1年で裁決が出ています。

この裁決が出て、そこで請求が棄却された（納税者の主張が認められなかった）場合にはじ

＊6　国税不服審判所のＨＰには、「国税の賦課徴収を行う税務署や国税局などの執行機関から分離された別個の機関として、国税に関する法律に基づく処分に係る審査請求について裁決を行い、納税者の正当な権利利益の救済を図る機関です。」と説明されています。

＊7　国税不服審判所「国税審判官（特定任期付職員）の採用について（平成28年7月）」。

めて、そこから6か月以内に裁判所に訴えを提起することで、課税処分の取消しを求めることができます。[*8]

前述の通り、AさんがBさんに「貸したお金を返せ」という場合であれば、いきなり訴訟を提起することができます。しかし、こうした課税処分の取消しを求める争いについては、いきなり訴訟を提起することはできず、まず「不服申立て」という行政庁に対する手続を取らなければならないのです（不服申立前置主義）。

■不服申立制度の例外1：再調査の請求

もっとも、こうした不服申立制度（審査請求を経てから訴訟を提起する方式）にも、例外が2つあります。

1つは、審査請求をする前に「**再調査の請求**」をする方法です。平成26年に行政不服審査法が大きく改正され、[*9]平成28年4月1日から施行された結果、先ほどの図のような形になりました。

しかし改正前は、不服申立てを2回行うことが求められていました（**二段階の不服申立て**）。審査請求の前に処分を行った税務署長に対して「**異議申立て**」を行い、異議申立て（異議決定）

で棄却された場合にはじめて国税不服審判所長に対して「審査請求」ができる。そして審査請求（裁決）で棄却されてから、ようやく裁判（取消しを求める訴え）ができる。つまり、裁判の前に2回も、行政庁に対する不服申立てをしなければならないのが、改正前の制度でした。

しかし、救済を求めようとする国民に多大な負担を課しているため、不服申立てを一段階のみにしたのが、平成26年改正です（**不服申立ての一元化**）。

この改正法が平成28年4月1日から施行されたことで、現在では、（1）改正法が適用される一段階の不服申立制度（原則）と、（2）平成28年4月1日より前になされた処分の取消しを求める不服申立てのため、改正前の二段階の不服申立制度の状態で審理されているものの2つが同時に存在している状態です。

ただ、納税者が自ら選択して、「税務署に、もう一度考え直してほしい」といったことを主張したい場合、それは構いません。これが、先ほどの図の右側の矢印です。

＊8　国税通則法115条1項1号に「国税に関する法律に基づく処分（第80条第3項〔行政不服審査法との関係〕に規定する処分を除く。以下この節において同じ。）で不服申立てをすることができるものの取消しを求める訴えは、審査請求についての裁決を経た後でなければ、提起することができない。」と規定されています。

＊9　行政不服審査法（昭和37年法律第160号）の全部改正として、改正法が制定されました（平成26年法律第68号）。

平成26年改正まで「異議申立て」という制度は廃止されて、「**再調査の請求**」に名称が変わりました。処分を行った税務署長に対して、「もう一度考え直してね」という再調査の請求を行い、そこで「だめだよ」という「**再調査決定**」という棄却決定が出たら、1か月以内に国税審判所長（以下、「審判所」といいます）に審査請求をします。そこから先は同じです。

このような選択を認めることに、意味はあるのでしょうか。税務署長は自ら処分を行った行政機関ですから、そこに対して再調査の請求をしても、基本的には考え直してもらえることはあまりなく、多くの請求は棄却されてしまいます。

しかし、**純粋な計算ミスや確実に取消しが認められるあらたな証拠が発覚したような場合であれば、処分を行った税務署長に対して再調査を求めたほうが、迅速な紛争解決を求めることができます。再調査の請求は、「通常3か月以内」に結論が出るからです。**

また、3か月以内に下される異議決定書を読めば、処分の詳細な理由が明らかになります。この点で、処分の理由（根拠）をしっかりみて、さらに争うかどうかを判断したいという納税者にとっては意味のある手続といえます（更正通知書にも理由が附記されますが、異議決定書ほどに詳細ではありません。異議決定書では、事実の認定と適用される法令等の規定が1つひとつ丁寧に論述されます）。

審判所になると1年かかりますし、担当審判官に面談を求められて審判所に赴いたり、主張書面を作成して提出したりするなど、さまざまな手続が必要になります。したがって、まずは再調査の請求をしたいという納税者は、認められなかった場合には2段階の不服申立てが必要になりますが、自分で選択するのは構わないということです。

■不服申立制度の例外2：裁決をもらう前に審査請求をする

2つ目の例外をご説明します。審査請求は、裁決が出るまでに通常1年かかります。2～3か月で出ることは少なく、ちょうど1年後くらいに裁決が出るというのが通常です。

すると、たとえば少なくとも「処分は憲法違反ではないか」「適用された通達の規定はおかしいのではないか」といった主張も、裁判所であれば客観的に整理してもらえます。残念ながら審判所は行政機関であり、裁判所と違って司法機関ではありません。法律が違憲かどうかの判断はできませんし、行政機関である以上、国税庁長官が発遣した通達に拘束される立場にあるため、こうした主張の審判所（審査請求）に判断を求めるのはむずかしいのです。

こうした訴訟を提起したい納税者にとっては、審判所で1年間も争うのは、むだな時間を費やすだけということになりかねません。

そこで例外的なルートとして、図の右下の部分ですが、「**審査請求をしてから3か月を経過**

しても裁決がない場合、訴訟を提起することができる」という規定が設けられています。[*10] これは、平成26年改正がされる前からあります。

こうして、裁決までもらわなくても審査請求をすれば、そこから3か月後には裁判にもち込むことが可能になります。裁決の結論は出ていませんが、「どうせ勝てない」とわかっているのであれば、早めに裁判所にもち込むこともできるのです。

いずれにしても、不服申立てをまずはしないと、いきなり裁判所に訴訟を提起することは認められていません。これが現行の不服申立制度です。

■なぜ、不服申立制度はあるのか？

このような不服申立制度（不服申立前置主義）は、なぜ採られているのでしょうか。

課税の問題は、「Aさんが Bさんに300万円を貸した、お金を返せ」といった単純な「貸金返還請求訴訟」のような場合と異なり、判断する側にも高度で複雑な法の解釈および適用が求められています。

事実を認定するにも課税問題は複雑なものが多いですし、税法を適用する場面でも、専門的かつ高度な法令を駆使した判断が必要になります。そのうえ課税処分は、大量かつ反復・継続的に行われているものです。

裁判官は、税の専門家ではありません。いきなり裁判所にもち込まれてしまうと、「どのような事案であるのか」とか、「どのような法令等が存在するのか」といったことについてすぐに整理することができず、混乱してしまいます。

そこで、税の専門機関である行政庁あるいは審判所に、事案を整理してもらうのです。「どのような法令等があって、本件にはどのような事実関係があって、どのような法律問題があるのか」を整理してもらいます。それでも救済されない場合に「裁判所が判断しますよ」となれば、裁判所も的確な判断が可能になります。このような制度であると説明されています。

もっとも、こうした考え方がどこまで妥当するのか、という問題はあります。立法論としては、「不服申立制度はすべて廃止すべきである」、あるいは「納税者の選択で不服申立てを経ないでも訴訟提起をできるようにしたらいいのでは？」という声もあります。

そもそも論をいうと、行政訴訟について一般的な手続の原則を定めた「**行政事件訴訟法**[*11]」に

＊10　国税通則法115条1項ただし書に「ただし、次の各号のいずれかに該当するときは、この限りでない。」とあり、1号に「国税不服審判所長又は国税庁長官に対して審査請求がされた日の翌日から起算して3月を経過しても裁決がないとき」と規定されています。

＊11　昭和37年法律第139号。

よれば、後者の考えが原則として採られています（**自由選択主義**）。自由選択主義（審査請求をしてから訴訟をしても、いきなり訴訟をしてもよく、どちらにするかは国民が選択できる建前）が行政訴訟の原則なのですが[*12]、その特別法としての国税通則法でこれまで述べたような不服申立前置主義という例外が定められているのです。

平成26年の大改正ではそこまではいかず、「やはり前提問題は行政機関で整理してもらったほうが裁判所も判断しやすいし、ひいては納税者にとってもメリットがあるであろう」という考え方が維持されました。二段階を一段階に改正しましたが、前置を必須にすることは変えなかったのです。

＊12　行政事件訴訟法8条1項には「処分の取消しの訴えは、当該処分につき法令の規定により審査請求をすることができる場合においても、直ちに提起することを妨げない。ただし、法律に当該処分についての審査請求に対する裁決を経た後でなければ処分の取消しの訴えを提起することができない旨の定めがあるときは、この限りでない。」と規定されています。

TAX LAW 2

税務争訟とは？

以上の不服申立制度と、その後に裁判として行われる訴訟があるのですが、両者をあわせて「**税務争訟**」といいます。裁判での部分は「**税務訴訟**」、あるいは「**租税訴訟**」と呼ばれていますが、不服申立ての部分もふくめて「税務争訟」といいます。

■再調査の請求の件数の推移

税務争訟については、「実際にどれくらいの認容率なのか」「年間にどれくらい新規の提起があるのか」といったことについて、国税庁・国税不服審判所が毎年6月に統計データを公表しています。

たとえば、「再調査の請求」。これは、平成28年3月31日までは「異議申立て」でしたが、名称が変わっただけで中身は変わっていません。統計データをみてみましょう。

平成28年（２０１６年）度（平成28年〔２０１６年〕４月１日～平成29年〔２０１７年〕３

◎再調査の請求の状況

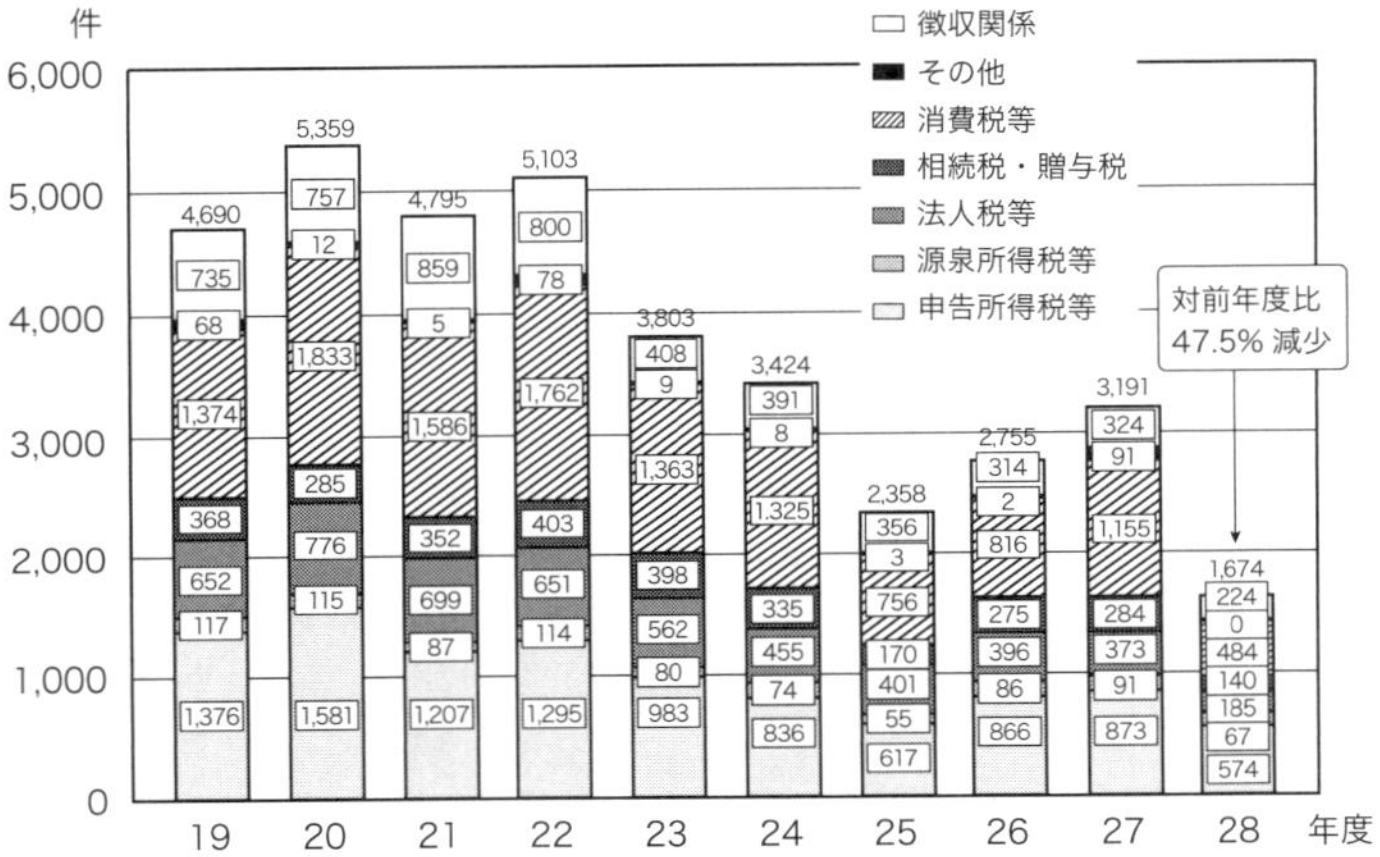

（注）１　年度は４月１日から翌年３月 31 日までです。
　　　２　27 年度以前はすべて「異議申立て」であり、28 年度は「異議申立て」および「再調査の請求」の合計です。

出典：国税庁「平成 28 年度における再調査の請求の概要」（平成 29 年６月）

月31日までの1年間）の新規の申立て件数は１６７４件で、前年度より47・５％減少となっています。

　過去10年でみると、平成20年（２００８年）度が一番多くて年間５３５９件、平成22年（２０１０年）度においても５１０３件となっています。それ以前の平成19年（２００７年）度～22年（２０１０年）度においても、毎年４０００件の異議申立てがありました。

　ところが、平成25年（２０１３年）度は２３５８件まで減っており、また、平成27年（２０１５年）度に少し回復しましたが３１９１件で、４０００件に届いていません。その意味で、異議申立ての件数そのものはこの数年停滞

◎再調査の請求の処理状況

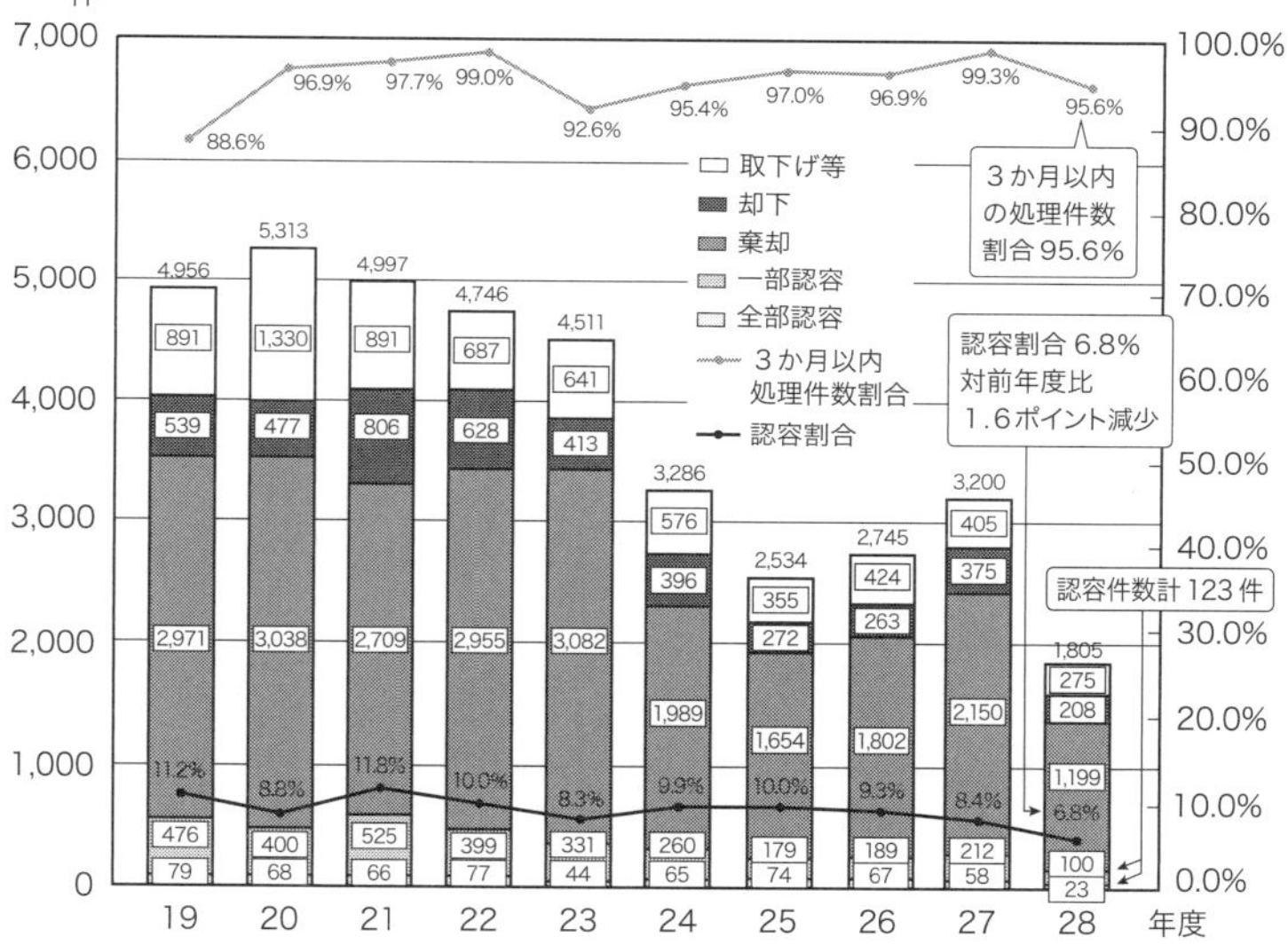

（注）1　年度は４月１日から翌年３月31日までです。
2　27年度以前はすべて「異議申立て」であり、28年度は「異議申立て」および「再調査の請求」の合計です。

出典：国税庁「平成28年度における再調査の請求の概要」（平成29年６月）

していました。

この理由としては、２０１１年（平成23年）に国税通則法の改正がなされ、税務調査の手続が整備されたことが挙げられます。

これにより、税務調査の手続が慎重にならざるを得ず、時間を要することになったため、税務調査の件数そのものが３割減となりました。その結果、処分の件数も減ったわけですから、不服申立ての件数も減ったとみるのが自然です。なお、平成28年度の大幅減少は、不服申立てが一元化された平成26年改正が施行されたためでしょう。

再調査の請求の認容率（納税者の請求が認められた割合）をみてみると、前頁の通りです。平成28年（2016年）度は6・8％です。もっとも、全部認容は1・3％ですからなかなか厳しく、一部認容が5・5％です。再調査の請求の認容率は、過去10年分をみても大体10％前後です。これは、処分を行った税務署長に対して「もう一度考え直してね」ということを求める手続ですから、そもそもむずかしいのです。

再調査の請求は3か月以内に結論が出ます。これを「**再調査決定**」といいます。データ上も、平成28年（2016年）度の95・6％は3か月以内に結論が出ています。[*1]

■審査請求の件数の推移

続いて「審査請求」です。審査請求の統計データは国税不服審判所が公表しており、新規の件数はやはりここ数年減っています。平成28年（2016年）度は2488件で、前年比では18・6％の増加となっています。しかし、平成24年（2012年）度の3598件と比べると、この数年は相当減っていることがわかります。理由は、先ほどの通りと考えることができます。

審査請求の認容率についても、みてみましょう（306頁参照）。

審査請求の認容率は、平成28年（2016年）度は12・3％です。全部認容は2・5％で、一部認用は9・8％です。

◎審査請求の状況

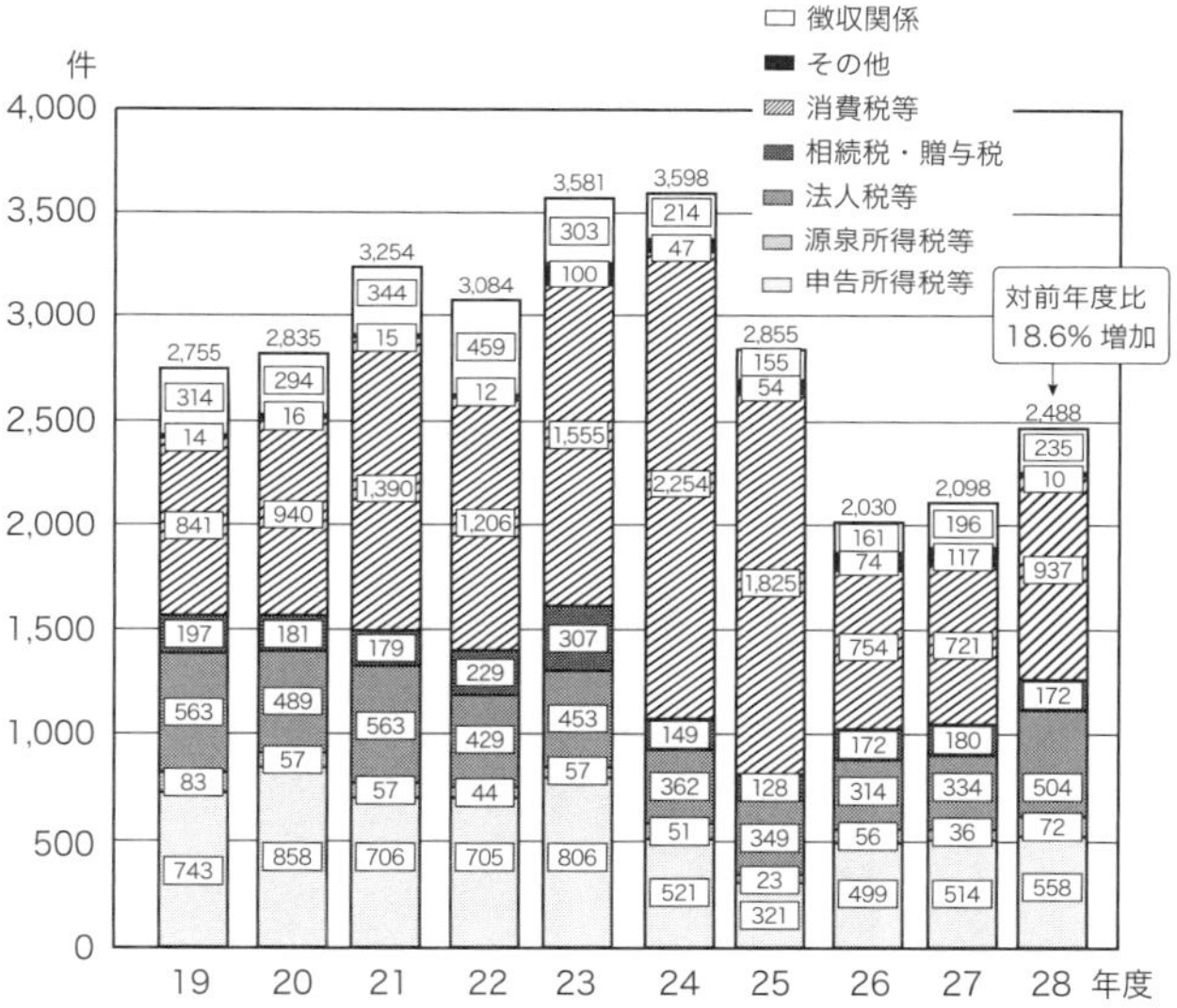

（注）年度は4月1日から翌年3月31日までです。
出典：国税不服審判所「平成28年度における審査請求の概要」（平成29年6月）

平成19年（２００７年）度〜平成24年（２０１２年）度までは12％〜14％ぐらいはコンスタントにあった審査請求の認容率は、この数年は低迷していました。しかし、平成28年（２０１６年）度に回復しました。

■税務訴訟の件数の推移

そして、不服申立てを経ても権利救済が実現できない場合は、裁判になります。税務訴訟の件数が減っていることは明らかになっています。

＊1　「簡易迅速な手続により納税者の権利利益の救済を図るため、再調査の請求については、迅速な処理に努めており、3か月以内の処理件数割合は95・6％となっています（割合は、相互協議事案、公訴関連事案及び国際課税事案を除いて算出しています）。」と公表されています（国税庁「平成28年度における再調査の請求の概要」（平成29年6月））。

◎審査請求の処理状況

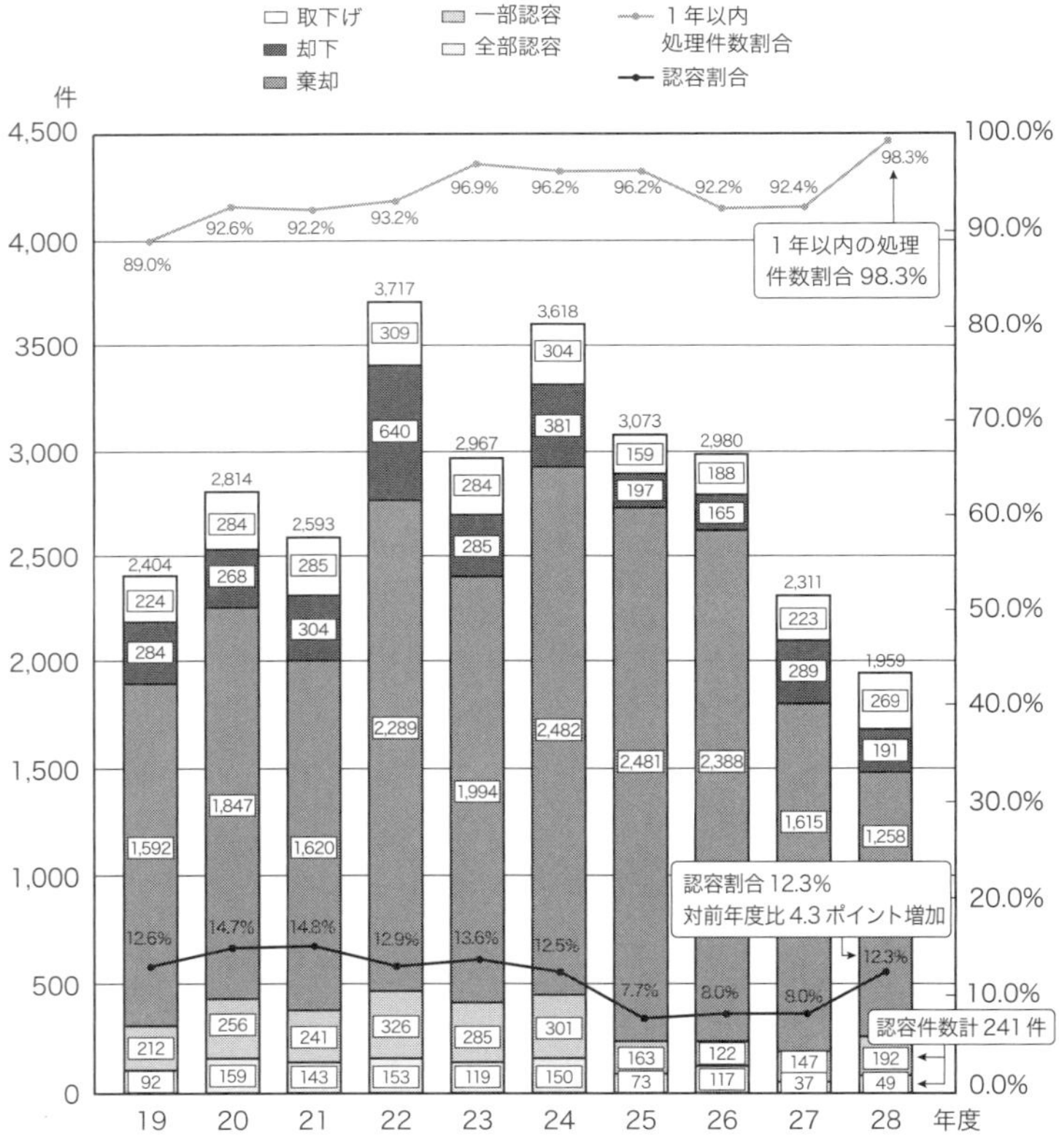

（注）年度は４月１日から翌年３月31日までです。
出典：国税不服審判所「平成28年度における審査請求の概要」（平成29年６月）

税務訴訟の統計データをみても（101頁参照）、平成28年（2016年）度は1年間で230件です。過去10年でみると、平成19年（2007年）度は345件、平成23年（2011年）度でも391件あります。平成24年（2012年）度までは、毎年コンスタントに300数十件以上はあったものが、平成25年（2013年）度に300件を割れる290件となり、その後少しずつ落ちているということです。

税務訴訟は、大型案件の場合は新聞などでも報道され、巨額の取消判決が出たりします。今でも、大企業の税務訴訟が起きており、1件あたりの金額は何百億にのぼるものもありますが、件数そのものは実は減ってきています。

大企業が大型案件の訴訟を提起するのは、国際課税においてです。少ない税務署の資源を集中し、国際課税などを中心に大きな案件を処分するということが行われていますので、そうした訴訟が増えていますが、訴訟件数そのものは減っているのが実際です。

■国税側が強引な処分をしなくなった？

この10年間、実際に弁護士として相談もふくめて税務訴訟の代理人として関与してきた経験からすると、国税当局が敗訴する判決が多く出ていた時期もありました。ちょうど10年ちょっと前くらいです。その原因は、そもそも強引な課税処分が多くなされていた、つまり、裁判になれば国が負ける可能性があるような処分がなされていたという背景がありました。

それがその後、ここ7～8年ぐらいをみますと、税務調査の段階では「否認する」「更正処分をする」という指摘があり、納税者から相談を受けた弁護士サイドとしては「更正されて訴訟をすれば勝てそうだな」と思われるようなものの多くが、更正されないで終わる。そのような傾向に変わってきた、という実感がありました。

こうして国税当局が強引な課税に対して慎重になり、安易に更正処分をしなくなったことが、訴訟件数が減少した原因ではないかと思います。

こうしたこともふくめ、実際、訴訟の救済率（取消率）も低迷しています。それだけ、国税が慎重にしか処分を打たなくなってきたという反映だと思います。

新聞でも報道されましたが、平成18年（２００６年）度は国税の敗訴件数が過去最高と呼ばれた年で、一部敗訴が29件、全部敗訴51件と、1年で80件も国税当局が負けました。[*2]

これは、ストック・オプション訴訟や航空機リース訴訟という同種の事件が多発したためです。この年の国税敗訴率（認容率）は17・9％と、国税がかなり負け続けた年でした。

その後、平成23年（２０１１年）度には13・4％がありますが、平成21年（２００９年）度の5％を皮切りに、この8年間では10％を超える認容率を記録したのは1年度だけで、低い救済率になっています（１０２頁参照）。

平成28年（２０１６年）度は4・5％とさらに低値になりました。全部認容は2・5％です。

以上のように、納税者が「課税はおかしい」「税法の適用が誤っているのではないか」と権利救済を求める制度があります。それは、不服申立てと税務訴訟です。

こうした納税者に対する権利救済の方法（不服申立て・訴訟）について、シャウプ勧告（昭和24年（1949年））で紹介されていた内容を、最後にそれぞれ紹介しておきたいと思います。まずは、不服申立てについてです。

「所得税納税者は、更正決定に異議を申立てることを許されている現行の方法に対して二つの重要な不平を有している。第一は、高級行政官職、また裁判所へ提訴することを許される前に納税しなければならないこと。第二に通常異議申立はかれの更正決定を行つたと同じ税務官吏に対してなされるから（納税者の方から見れば）、その官吏は同情をもつて且つ公平な立場でその訴えに耳をかさないだろうということである。

租税制度が立派に確立され且つ安定した経済の上に正当に機能を発揮しているところでは、第一の規則は厳格過ぎる。更正決定が不法または不当と認められる場合には、納税者は、更正

＊2　2007年（平成19年）7月2日付け日本経済新聞（朝刊）「スイッチオン・マンデー」に「国税敗訴率じわり上昇　時代変化に法整備追いつかず」という見出しのもと、平成18年（2006年）度の国税の敗訴件数が過去最多であったこと、国税の敗訴率も過去2番目であったことが報道されています。

決定された税額を支払わない提訴する権利をもつことによって、審査請求の不当あるいは専断的処置から自分を守ることができるようにすべきである。[*3]」

このような指摘がなされた異議申立てが、実際に廃止（納税者の選択により再調査の請求という名称で行うことは存続）されたのは２０１４年（平成26年）の改正からであり、この改正法が施行されたのは２０１６年（平成28年）４月１日からでした。また、現在でも、納税者は更正処分によって増額された税額（追徴税額）を納める必要があります。納めたうえで取消しを求めて不服申立てを行い、処分が取り消されれば納めた追徴税額が還付されるという方式は、現在でも変わっていません。次に、訴訟についてのシャウプ勧告の指摘です。

「　裁判所に租税事件がないことはよい兆候でもあり、また悪い印象でもある。それは、法律が非常に注意深く作成され小心よくよくと遵守されていて、納税者と税務官吏がお互の相違を調和するのに余にも訳が解かつているので、裁判所の必要がないということを意味しているのかもしれない。

しかしまた、その代りに、規則のない、または有効な審判もないゲームをやつているようなもので、裁判所に持出せるような専門的な紛争がないという意味かもしれない。

……現在ところ、司法制度および税務行政官職には、この予想される高度に専門的な訴訟を処理するに十分な備えができていない。法務省および税務官吏は、納税者による訴訟に対して弁護するときの協力方法についてもつと詳細に研究する必要がある。……現在はないが特別な裁判所が余り遠くない将来設置されねばならないであろう。

一つの可能性は、東京高等裁判所の租税部に民事の租税事件に対する専属管轄権を創設し、その租税部員が期日を予定して全国の他の地域へ巡回旅行することである。或は各高等裁判所に租税部を設けてもよい。両者の場合とも訴訟書類の移送命令によつて最高裁判所へ上訴することを認めるべきである。[*4]」

知財事件については、2005年（平成17年）に「知財高裁」（知的財産高等裁判所）が設置されました。[*5] しかし、租税事件の専門裁判所としての高等裁判所（「租税高裁」ともいうべき専門裁判所）、つまり、シャウプ博士の提唱に沿うような裁判制度は、68年経過した現在でも作られていません。[*6]

＊3　第6章1の注5・177頁。
＊4　前掲注3・178～179頁。
＊5　知的財産高等裁判所設置法（平成16年法律第119号）に基づき、2005年（平成17年）4月1日に設立されました。
＊6　第1審を担う地方裁判所に行政専門部（租税事件をふくんだ行政事件のみを専門的に扱う部）はあります（たとえば、東京地裁には、民事第2部、第3部、第38部、第51部が行政専門部になっています）。

ま

み

む

め

も

や

よ

り

る

れ

ろ

わ

そ

た

ち

つ

て

す

せ

く

け

こ

さ

し

索　引

あ

い

え

お

か

き

参考文献

注釈で個々の出典を挙げていますが、本書の作成にあたり特に参考にさせていただいた文献は、以下の通りです。

《書籍》

- 浅古弘＝伊藤孝夫＝植田信廣＝神保文夫編『日本法制史』（青林書院、2010年）
- 井手文雄『要説 近代日本税制史―明治維新より昭和三十四年まで―』（創造社、1959年）
- 大蔵省財政史室編『昭和財政史―終戦から講和まで―第7巻』（東洋経済新報社、1977年）
- 大蔵省財政史室編『昭和財政史―終戦から講和まで―第8巻』（東洋経済新報社、1977年）
- 金子宏『租税法』（弘文堂、1976年）
- 金子宏『租税法〔第22版〕』（弘文堂、2017年）
- Shoup使節団、時事通信社訳『シャウプ使節団 日本税制報告書』（時事通信社、1949年）
- 税務大学校研究部編『税務署の創設と税務行政の100年』（大蔵財務協会、1996年）
- 租税法学会『シャウプ勧告50年の軌跡と課題〔租税法研究　第28号〕』（有斐閣、2002年）
- 髙橋志朗『わが国税務会計の発達とシャウプ勧告』（同文舘出版、2011年）
- 田原芳幸『図説 日本の税制〔平成28年度版〕』（財経詳報社、2016年）
- 藤田武夫『近代租税制度』（河出書房、1948年）
- 牧英正＝藤原明久編『日本法制史』（青林書院、1993年）

《論文》

- 池本征男「申告納税制度の理念とその仕組み」税大論叢32号（1998年）1頁
- 磯部喜久男「創設所得税法概説―明治20年の所得税法誕生物語」税大論叢30号（1998年）153頁
- 井上一郎「安井・今村・鍋島による明治20年所得税法逐条解説」税大論叢23号（1993年）507頁
- 日野雅彦「青色申告制度の意義と今後の在り方」税大論叢60号（2009年）315頁
- 堀口和哉「明治32年の所得税法改正の立法的沿革」税大論叢28号（1997年）1頁

木 山 泰 嗣（きやま　ひろつぐ）
1974年横浜生まれ。青山学院大学法学部教授（税法）。上智大学法学部法律学科を卒業後、2001年に旧司法試験に合格し、2003年に弁護士登録（第二東京弁護士会）。その後、ストック・オプション訴訟などの大型案件を中心に、弁護士として、税務訴訟・税務に関する法律問題を取り扱ってきた（鳥飼総合法律事務所。2015年4月から客員）。2015年4月から現職（2016年4月から、同大学大学院法学研究科ビジネス法務専攻主任・税法務プログラム主任）。『税務訴訟の法律実務』（弘文堂）で、第34回日税研究賞「奨励賞」を受賞。大学のゼミ、大学院の判例演習、両者におけるディベート大会の主催・指導等を通じて、条文解釈を中心にした税法教育を行っている。

著書に、『小説で読む民事訴訟法』（法学書院）、『分かりやすい「所得税法」の授業』（光文社新書）、『反論する技術』（ディスカヴァー・トゥエンティワン）、『法律に強い税理士になる』（大蔵財務協会）、『超入門　コンパクト租税法』（中央経済社）などがあり、単著の合計は本書で48冊。「むずかしいことを、わかりやすく」そして「あきらめないこと」がモットー。Twitter：kiyamahirotsugu

教養《きょうよう》としての「税法《ぜいほう》」入門《にゅうもん》

2017年 8 月 1 日　初版発行
2024年11月 1 日　第7刷発行

著　者　木山泰嗣
発行者　杉本淳一

発行所　株式会社日本実業出版社　東京都新宿区市谷本村町3−29 〒162−0845
編集部　☎03-3268-5651
営業部　☎03-3268-5161　振　替　00170−1−25349
https://www.njg.co.jp/

印刷／理想社　　製本／共栄社

この本の内容についてのお問合せは、書面かFAX（03−3268−0832）にてお願い致します。
落丁・乱丁本は、送料小社負担にて、お取り替え致します。

ISBN 978-4-534-05515-6　Printed in JAPAN